놀면 뭐 하니?

읽는
국어
문법

구혜은

지식공유

놀면 뭐하니? 읽는 국어 문법

저   자 | 구혜은
인 쇄 일 | 초판 1쇄 2020년 01월 10일
발 행 일 | 초판 1쇄 2020년 01월 15일
발 행 인 | 김미영
발 행 처 | 지식공유
등 록 번 호 | 제 2017-000107호
팩   스 | 0504-477-9791
메   일 | ksharing@naver.com
홈 페 이 지 | www.ksharing.co.kr
주   소 | 서울시 마포구 만리재로 14 르네상스타워 2201

S t a f f
기획 · 진행 | 김미영, 구혜은   편집디자인 | 주경미   표지디자인 | 주신애   일러스트 | 김지영

ISBN 979-11-967413-7-2
정가 13,800원

폰트 저작권자 유토이미지(UTOIMAGE.COM) | 네이버 나눔글꼴 | 롯데마트 통큰서체 | 빙그레 서체 | 고양일산체

이 도서의 국립중앙도서관 출판예정도서목록(CIP)은 서지정보유통지원시스템 홈페이지(http://seoji.nl.go.kr)와 국가자료 공동목록시스템(http://www.nl.go.kr/kolisnet)에서 이용할 수 있습니다.(CIP 제어번호 : 2019049486)

"국어 문법은 무조건 어렵다고 생각하나요?"

국어 문법이 어려운 건 사실이에요. '안 해서 그렇지, 공부하면 쉬워.' 라고 말하지 않을게요. 하지만 많은 학생들이 오해하듯 '무조건' 외워 야만 하는 것은 아니에요. 대부분의 책들이 외면하고 있는 이해! 이해 가 먼저예요. 이 책은 학생들이 이해하기 어려워하는 딱 그 부분을 쉽 게 설명한 책이에요.

"꼭 알아야 하는 개념부터, 일단 읽어 봐요!"

중학생 때 국어 문법을 다져 놓지 않은 것을 가장 후회한다는 이야기 를, 고등학생들에게 많이 들어요. '제일 중요한 개념 몇 개만이라도 확실히 공부해 놓을 걸' 하면서요. 우리는 국어 문법 전공자처럼 모든 문법 개념을 자세히 알아야 할 필요가 없어요. 제일 중요한 개념만 제 대로 알고 있으면 되죠. 어렵게 외우지만 말고 쉽게 '읽어' 보세요.

진짜일까? 읽기만 하면 될까?

의문이 든다면, 놀면 뭐하나요? 일단 읽어 보는 거죠!

차 례

차 례

한국어뿐만 아니라

세계의 모든 언어가 공통적으로 가지고 있는

언어의 기본적인 성질에 대해 알아볼 거야.

하나,
언어의 본질

언어의 본질

언어

언어의 본질에 어떤 것이 있는지 이야기하기 전에
언어와 언어의 본질이 무엇인지를 설명해 줄 거야.
먼저 언어! ☺️ 우리의 생각이나 느낌을 표현하기 위해 사용하는
말소리(음성)와 문자를 '언어'라고 해.

조금 그럴듯하게 말소리는 음성언어, 문자는 문자언어라 할 수 있지.

언어의 본질

'본질'은 어떤 것이 원래부터 가지고 있는 아주 기초적인 성질이야.

그러니까 언어의 본질(本근본 본 質바탕 질)은
수많은 종류의 언어들이 공통으로 가지고 있는 아주 기초적인 성질이지.
한국어, 영어, 프랑스어, 일본어, 중국어…….
이 언어들이 공통으로 갖고 있는 성질에는 과연 어떤 것들이 있을까?

언어의 기호성

음성언어와 문자언어의 기호성 ─────

모든 언어는 형식과 내용으로 이루어져 있어.

우리가 '사과'라는 말소리를 입 밖으로 낸다면
그 말소리 자체를 형식이라 하고,
우리가 그 말소리를 통해 표현하고 싶었던
빨간색 과일 자체를 내용이라고 하는 것이지. 이해되지? (◡)

문자언어도 마찬가지란다.
우리가 '사과'라는 글자를 종이에 쓴다면?
그래, 그 글자 자체를 형식이라고 하고,
그 글자가 가리키는 빨간색 과일을 내용이라고 하는 거야.

원하는 것(내용)을 표현하기 위해 도구(형식)를 이용하는 셈이지.
그리고 그 '도구(형식)'를 다른 말로 기호라고 해.

수많은 언어들이 공통으로 가지고 있는 성질 중 하나가
바로 기호성인 것이지. 쉽지? 벌써 어렵다고 하면 안돼 (◡)

언어의 자의성

음성언어와 문자언어의 자의성

자의적이라는 말을 한 번쯤은 들어 보았지?
다른 사람과 상의 없이 자기 마음대로 결정하면
우리는 그 결정을 '자의적인 결정'이라고 이야기하곤 하잖아.

자의(恣마음대로 자 意뜻 의)성은 무언가를 마음대로 할 수 있는 성질이야.

그럼 언어의 자의성은 언어가 뭘 마음대로 한다는 걸까?
언어의 자의성에 대한 이야기를 할 때
마음대로 할 수 있는 그 무언가는 바로 '형식'과 '내용'의 매칭이란다.
매칭? 국어 책인데 웬 영어냐고? 그런 고정관념을 버려! (･_･)

한번 생각해 봐.
'사과'라는 말소리와 문자가 꼭 그 과일과 짝이 돼야 할 이유가 있니?

아니, 그런 이유는 어디에도 없어.
다만 언젠가부터 그 형식과 내용의 매칭이 약속으로 되어 버린 거야.

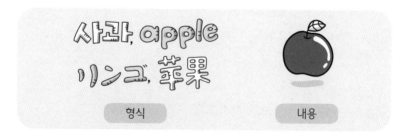

| 형식 | 내용 |

14

이렇게도 한번 생각해 보자. 같이 생각해 보자! 쫌! (ㅎ.ㅎ)

그 빨간 과일은, 한국어로는 '사과'라는 말소리와 문자로
영어로는 'apple'이라는 말소리와 문자로
일본어로는 'リンゴ[rīngo]'라는 말소리와 문자로
중국어로는 '苹果[pīngguǒ]'라는 말소리와 문자로 가리키지.

다시 말하면, '사과, apple, リンゴ, 苹果 등등'
그 빨간 과일은 어떤 말소리, 글자와도 짝이 될 수 있는 거야.

형식과 내용의 매칭은 기본적으로 아주 자유로운 것이지.
언어의 자의성이라는 성질에 대해 좀 더 보기 편하게 정리해 봤어.

형식과 내용의 관계 (≠) 필연

형식과 내용의 관계 (=) 우연

지금 우리가 사용하고 있는
형식(말소리, 문자)과 내용(표현하고자 하는 것)의 매칭은

아주 우연히, 아주 자의적으로 만들어진 거란다.

그래서 더 의미가 있을지도?! (ㅇ.ㅇ)

언어의 사회성

음성언어와 문자언어의 사회성

언어의 자의성에 대해 제대로 이해했다면
언어의 사회성이라는 성질은 이미 저절로 알게 되었을 거야.

☺ 기억하지?

'사과'라는 말소리와 문자가 꼭 그 과일과 짝이 돼야 할 이유가 있니?

아니, 그런 이유는 어디에도 없어.
다만 언젠가부터 그 형식과 내용의 매칭이 약속으로 되어 버린 거야.

언어에 자의성이라는 성질이 있음에도 불구하고
우리는 왜 그 빨간 과일을 항상 '사과'라고 부르는 것일까?

그건 바로,
그렇게 짝지어 쓰는 것이 사회적인 약속으로 되어 있기 때문이란다.
한번 상상해 보자. 친구 여러 명이 함께 대화하면서,
그 빨간 과일을 각각 다른 단어로 표현하면 알아듣기 힘들거야.

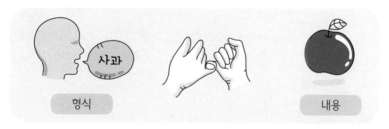

언어의 기호성, 자의성, 사회성 딱 이해되지? ☺

16

풀어 볼 거지?

01. 빈칸에 알맞은 단어를 써넣어 보렴.

모든 언어는 ☐☐과 ☐☐으로 이루어져 있다.

02. 언어의 본질과 그것에 대해 설명하는 문장을 알맞게 연결해 보렴.

언어의 자의성	ㄴ	ㅑ 언어는 형식과 내용의 결합
언어의 사회성	ㄷ	ㅗ 언어는 사회적인 약속
언어의 기호성	ㅇ	ㅓ 언어의 형식과 내용의 결합은 우연

국어의 문법 체계에서, 소리 단위 중

가장 작은 단위인 음운에 대해 알아볼 거야.

음운의 개념에 쉽게 접근하기 위해

모음과 자음의 체계를 먼저 공부한 뒤에 말이야.

둘,
음운의 체계

모음 체계

모음 ————————————————————

외울 것도 없이 너무 잘 알고 있겠지만, 모음은 21개가 전부야.

이제부터는 몇 가지를 더 알아두어야 해.

첫 번째는 발음할 때의 특징인데,
모음을 발음할 때는 입안의 기관들이 공기의 흐름을 방해하지 않는단다.

모음 소리가 만들어질 때 :
공기의 흐름에 방해 ⓧ

'너, 러'를 한번 발음해 보렴. 그리고 'ㅓ'를 발음해 봐.
자음 없이 'ㅓ'를 발음할 때 입안의 움직임이 훨씬 더 적지?
그러니 당연히 공기의 흐름도 방해를 덜 받는 것이지.
다음 쪽부터는 그 이름도 생소한 단모음, 이중모음이 뭔지 알려줄게 ☺

단모음과 이중 모음

모음은 그 모음을 발음할 때
입술 모양, 혀의 위치 등 발음기관에 변화가 있느냐, 없느냐에 따라
단(單하나 단)모음과 이중(二두 이 重겹칠 중) 모음으로 나눈단다.

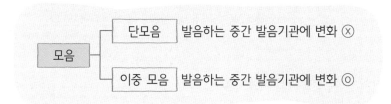

단모음을 발음할 때는
처음부터 끝까지 혀의 모양이나 위치, 입술의 모양이 하나야.

그런데 이중 모음을 발음할 때는
발음하는 중간에 혀의 모양이나 위치, 입술의 모양이 바뀐단다.

| 단모음 | ➡ | 단 | = | 單 | = | 하나, 혼자 |
| 이중 모음 | ➡ | 이중 | = | 二重 | = | 두 번, 두 겹 |

예를 들어 이중 모음인 'ㅑ'는
'ㅣ'가 반 정도만 발음된 다음 'ㅏ' 소리가 나면서 발음되는 것이거든.
그러니 그 과정에서 혀의 모양이나 위치, 입술의 모양이
바뀔 수밖에 없는 것이지. 완전 쉽지? (◦‿◦)

앞쪽에서 이야기한 단모음과 이중 모음의 차이를 기준으로
21개 모음을 단모음과 이중 모음으로 나누어 봤어.

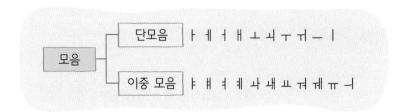

사실, 단모음에 어떤 모음이 있고
이중 모음에 어떤 모음이 있는지 모두 외우면 무지 좋아.
이해만 하라더니 외우라니 … 앞이 캄캄하지? 걱정말고 따라와 봐!

발음해 보면 대충 나눌 수 있을 것 같기도 하지만
막상 직접 발음을 해서 나누다 보면 애매한 부분이 많을 거야.

쉬운 방법은, 먼저 단모음을 외운 뒤
나머지 모음은 다 이중 모음으로 생각하는 거야.
이 당연한 것을 생각지 못해 헤매는 친구가 많으니 잘 기억해 두자.

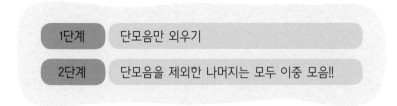

다음 쪽에서는 단모음을 쉽게 외울 수 있으면서도
꼭 알아야 할 개념을 담은 단모음 체계 표에 대한 이야기를 할 거야.

단모음 체계 표

단모음 체계 표는 정말 반드시 꼭! 기억해 두는 게 좋아.

혀의 위치 입술 모양 혀의 높이	전설 모음		후설 모음	
	평순 모음	원순 모음	평순 모음	원순 모음
고모음	ㅣ	ㅟ	ㅡ	ㅜ
중모음	ㅔ	ㅚ	ㅓ	ㅗ
저모음	ㅐ		ㅏ	

표를 잘 기억하고, 단모음도 쉽게 외우는 방법을 알려 줄게.

혀의 위치 입술 모양 혀의 높이	전설 모음		후설 모음	
	평순 모음	원순 모음	평순 모음	원순 모음
고모음	키	위	를	주
중모음	게	되	었	소
저모음	내	.	가	?

ㅣ ㅟ ㅡ ㅜ ㅔ ㅚ ㅓ ㅗ ㅐ ㅏ 어렵지 않게 외워지지? ☺

앞쪽에서 이야기했듯 단모음 외에는 모두 이중 모음이니까
우린 단모음과 이중 모음을 모두 다 외운 셈이야.

이제 단모음 체계 표를 자세히 들여다보자.

단모음 체계 표는 혀의 위치, 입술 모양, 혀의 높이 항목에 따라
10개의 단모음을 분류해 놓은 것인데,
각 항목에 쓰인 단어들이 어떤 의미를 지니고 있는지 설명해 주려고 해.

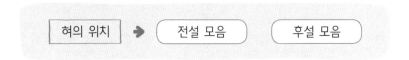

전설(前앞 전 舌혀 설)은 혀의 위치가 앞쪽이란 뜻이고
후설(後뒤 후 舌혀 설)은 혀의 위치가 뒤쪽이란 뜻이야.

단모음을 발음할 때
혀의 위치가 비교적 앞쪽에 있으면 전설 모음
혀의 위치가 비교적 뒤쪽에 있으면 후설 모음인 것이지. 알고 나니 쉽지? ☺

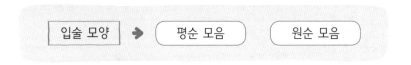

평순(平평평할 평 脣입술 순)은 오므리지 않은 평평한 입술 모양이고
원순(圓둥글 원 脣입술 순)은 붕어 입처럼 동그랗게 오므린 입술 모양이야.

단모음을 발음할 때
입술이 가로로 길어지는 평평한 모양이면 평순 모음
동그랗게 오므린 모양이면 원순 모음인 것이지! 뻐끔뻐끔 붕어 입이 돼 ☻

24

혀의 높이 → 고모음 중모음 저모음

또 단모음을 발음할 때 혀 끝부분의 높낮이에 따라
고(高높은 고)모음, 중(中가운데 중)모음, 저(低낮을 저)모음으로 나뉜단다.

입을 조금만 벌려서 혀 끝부분 높이가 비교적 높으면 고모음
입을 중간 정도 벌려서 혀 끝부분 높이도 중간 정도면 중모음
입을 크게 벌려서 혀 끝부분 높이가 가장 낮으면 저모음이라 하지.

단어들의 의미를 모두 알았으니, 단모음 체계 표를 다시 보자.

혀의 위치 / 입술 모양 / 혀의 높이	전설 모음		후설 모음	
	평순 모음	원순 모음	평순 모음	원순 모음
고모음	ㅣ	ㅟ	ㅡ	ㅜ
중모음	ㅔ	ㅚ	ㅓ	ㅗ
저모음	ㅐ		ㅏ	

왜 이렇게 생겨야 했는지, 무슨 의미인지 이제는 좀 알아볼 수 있겠지?

전설 모음을 발음할 때 정말 혀의 위치가 비교적 앞쪽인지,
평순 모음을 발음할 땐 정말 입술의 모양이 가로로 평평한지
확인 삼아 몇 개의 단모음을 발음해 보렴.

안 하면 입 안에 곰팡이 핀다 (ˊᵕˋ)

자음 체계

자음

모음처럼 이미 잘 알고 있겠지만, 자음은 19개가 전부야.

우리가 익숙하게 외우는, 완전식은 죽 먹기로 외우지?
"가 나 다 라 마 바 사 아 자 차 카 타 파 하"의 각 자음에
된소리 5개 ㄲ ㄸ ㅃ ㅆ ㅉ 만 더하면 된단다.

모음과 마찬가지로 자음에 대해서도 더 알아두어야 할 게 있어.

첫 번째는 발음할 때의 특징인데, 모음과 반대로
자음을 발음할 때는 입안의 기관들이 공기의 흐름을 방해한단다.

자음 소리가 만들어질 때 :
공기의 흐름에 방해 ◎

자음 체계 표

자음 체계 표도 단모음 체계 표처럼 기억해 두는 게 좋아.

조음 방법 / 조음 위치			입술 소리 (순음)	잇몸 소리 (순음)	센입천장 소리 (경구개음)	여린입천장 소리 (연구개음)	목청 소리 (후음)
안울림 소리	파열음	예사소리	ㅂ	ㄷ		ㄱ	
		된소리	ㅃ	ㄸ		ㄲ	
		거센소리	ㅍ	ㅌ		ㅋ	
	파찰음	예사소리			ㅈ		
		된소리			ㅉ		
		거센소리			ㅊ		
	마찰음	예사소리		ㅅ			ㅎ
		된소리		ㅆ			
울림 소리	비음(콧소리)		ㅁ	ㄴ		ㅇ	
	유음(흐름소리)			ㄹ			

그런데 보자마자 막막하지? 이것도 쉽게 외우는 방법을 알려줄게.

😎 이렇게 외우면 쉬워

바 ❶	다 ❷		가 ❸	
ㅃ	ㄸ		ㄲ	
ㅍ	ㅌ		ㅋ	
	자 ❹			
	ㅉ			
	ㅊ			
서 ❺				해 ❻
ㅆ				
마 ❼	니 ❽		아 ❾	
	랑 ❿			

자음 체계 표 : 조음 위치

이제 자음 체계표가 어떤 이야기를 하고 있는지도 자세히 들여다보자.

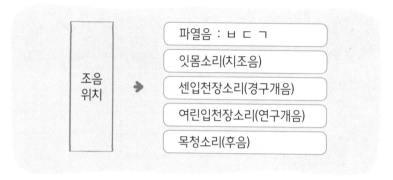

조음(調 조절할 조 音 소리 음) 위치는 소리를 조절하는 위치라는 뜻이야.
더 정확히 이야기하면, 공기의 흐름이 방해를 받는 위치라는 의미지!

😊기억하지?

첫 번째는 발음할 때의 특징인데, 모음과 반대로
자음을 발음할 때는 입안의 기관들이 공기의 흐름을 방해한단다.

공기의 흐름이 방해를 받으면서
내고자 하는 바로 그 소리가 나는 것이거든.

입술소리(순음)는 공기 흐름이 방해받는 위치가 입술
잇몸소리(치조음)는 공기 흐름이 방해받는 위치가 잇몸
센입천장소리(경구개음)는 공기 흐름이 방해받는 위치가 센입천장
여린입천장소리(연구개음)는 공기 흐름이 방해받는 위치가 여린입천장
목청소리(후음)는 공기 흐름이 방해받는 위치가 목청

그럼, 그림을 보면서 자음 체계 표에서 이야기하는
조음 위치가 어디인지 살펴볼까?

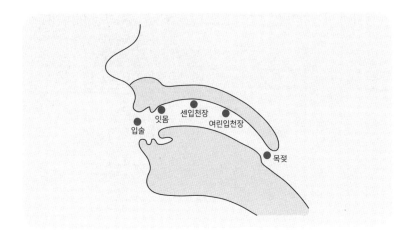

입술, 잇몸, 목(목청)은 그 위치가 어디인지 잘 알고 있겠지만
센입천장과 여린입천장이라는 명칭이 낯설었을 거야.

센입천장은 경구개(硬단단할 경 口입 구 蓋덮다 개)라고도 하는데,
입천장 중 치아 쪽에 가까운, 비교적 단단한 곳이란다.
입천장에 혀를 가져다 대면
앞니와 가까운 입천장이 만져지지? 바로 거기야.

여린입천장은 연구개(軟연할 연 口입 구 蓋덮다 개)라고도 하고,
입천장 중 목구멍 쪽에 가까운, 비교적 말랑한 곳이야.
입천장에 혀를 대고 목구멍 쪽으로 혀를 움직이다 보면
점점 말랑해지는 느낌이 들 거야.
바로 그 말랑말랑한 곳이 여린입천장이란다. 쉽지? 쉬울 거야 ☺

자음 체계 표 : 조음 방법

조음(調조절할 조 音소리 음) 방법은 소리를 조절하는 방법이라는 뜻이야.
더 정확히 이야기하면, 공기의 흐름을 방해하는 방법이라는 의미지!

대체 어떤 방식으로 공기의 흐름을 방해해서
원하는 소리를 내는 것인지 알아보자.

공기의 흐름을 막았다가 한 번에 팍! 터지게 하는 방식
으로 방해하는 소리는 파열음(破깨뜨릴 파 裂터질 열 音소리 음) : ㅂ ㄷ ㄱ

공기가 흐르는 통로를 좁게 해서 공기가 마찰을 일으키게 하는 방식
으로 방해하는 소리는 마찰음(摩문지를 마 擦비빌 찰 音소리 음) : ㅅ ㅎ

공기의 흐름을 막았다가 통로를 조금만 열어서 마찰을 일으키는 방식
으로 방해하는 소리는 파찰음(破깨뜨릴 파 擦비빌 찰 音소리 음) : ㅈ
파찰음을 소리 낼 때는 파열과 마찰의 방식을 반씩 사용한단다.

공기의 흐름을 막았다가 천천히 입과 코로 내보내는 방식
으로 방해하는 소리는 비음(鼻코 비 音소리 음) : ㅁ ㄴ ㅇ

공기를 입술의 양 끝으로 흘려 내보내는 방식
으로 공기의 흐름을 조절하며 내는 소리는 유음(流흐를 유 音소리 음) : ㄹ
우리가 이렇게 어렵게 소리를 내고 있었던 것이었다! 😳

그런데 이렇게 공기의 흐름을 방해하면서 소리를 만들 때
어떤 방식은 목청(성대)를 떨리게 하고,
또 어떤 방식은 목청(성대)에 아무 영향을 주지 않아.

안울림 소리	소리를 만들 때 목청 울림 ⓧ
울림 소리	소리를 만들 때 목청 울림 ◎

파열음, 파찰음, 마찰음은
소리를 만들 때 목청이 울리지 않기 때문에 안울림소리에 속하지만

비음과 유음은
소리를 만들 때 목청이 울리기 때문에 울림소리에 속한단다.
그리고 또 하나! 요건 보너스인데, 중요하지만 모르는 친구들이 더 많아 😌
모든 모음은 울림소리야.

지금까지 설명해 준 내용을 기억하면서 자음 체계 표를 다시 보자.

조음 방법 \ 조음 위치			입술소리 (순음)	잇몸소리 (순음)	센입천장소리 (경구개음)	여린입천장소리 (연구개음)	목청소리 (후음)
안울림소리	파열음	예사소리	ㅂ	ㄷ		ㄱ	
		된소리	ㅃ	ㄸ		ㄲ	
		거센소리	ㅍ	ㅌ		ㅋ	
	파찰음	예사소리			ㅈ		
		된소리			ㅉ		
		거센소리			ㅊ		
	마찰음	예사소리		ㅅ			ㅎ
		된소리		ㅆ			
울림소리	비음(콧소리)		ㅁ	ㄴ		ㅇ	
	유음(흐름소리)			ㄹ			

각각의 자음 밑에 모음 '一'를 붙여서 발음해 보렴.
파열음은 정말로 소리가 한 번에 팍! 터지는 것 같지?
파찰음은 공기를 막았다가 마찰을 일으키는 것 같고 말이야. 헤헤 😊

아마 그런 듯 아닌 듯 애매한 부분이 많을 거야.
하지만 걱정 마. 우리는 음운학자가 아니니까
학생으로서 알아야 할 만큼만 알면 돼. 고롬고롬 😊

이제 마지막으로 조음 방법 중
예사소리, 된소리, 거센소리가 어떤 소리인지 설명해 줄게.

소리를 만들 때 얼마나 힘을 주느냐에 따라,
다시 말하면, 발음할 때 나는 소리와 공기의 세기에 따라
자음을 예사소리, 된소리, 거센소리로 나눈단다.

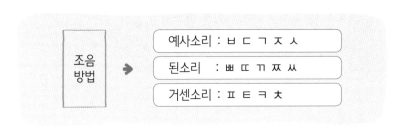

조음
방법 ➡

예사소리 : ㅂ ㄷ ㄱ ㅈ ㅅ

된소리 ： ㅃ ㄸ ㄲ ㅉ ㅆ

거센소리 : ㅍ ㅌ ㅋ ㅊ

특별히 힘을 주지 않고 자연스럽게 나오는 소리를 예사소리(평음)
목구멍 주위의 근육을 긴장시키면서 나오는 소리를 된소리(경음)
예사소리에 ㅎ이 더해져서 숨이 거세게 나오는 소리를 거센소리(격음)
라고 불러.

위의 표 안에 있는 각각의 자음 밑에 모음 'ㅡ'를 붙여서
손바닥을 입 앞에 대고 발음해 보렴.
[브], [쁘], [프] 이렇게 말이야.

달라지는 소리와 공기의 세기가 손바닥에 느껴지지?

이제 다시 왼쪽의 자음 체계 표를 보면서
지금까지 읽었던 설명을 천천히 되짚어 소화해 보자.
먹은 것도 없다고? (◠‿◠)

음운(音韻)

음운

지금 우리는 **둘, 음운의 체계** 단원을 공부하고 있어.

첫 번째로 '모음'을 배웠고, 두 번째로 '자음'을 배웠지?
이제는 '자음'과 '모음'을 아우르는 개념을 배울 거야.
기억 안 나도 그냥 GO! 계속 읽어 😶

음운(音소리 음 韻운 운)은 공부하고 까먹고 공부하고 또 까먹는
대표적인 개념 중 하나인데, 그렇게 계속해서 잊는 이유는
제대로, 그리고 쉽게 공부하지 않았기 때문이야.

😎 이렇게 외우면 쉬워

음운 = 모음 + 자음

문법의 개념 안에서 보면 완전히 딱 떨어지는 내용은 아니지만,
일단 이 공식을 머릿속에 넣어두자.

음운은 모음과 자음이라고!
모음과 자음을 합해서 음운이라고 한다고!

제대로 음운

대체 음운이 뭐길래 일단 자음과 모음이라고 알아두라 했던 걸까?
[불 : ㅂ ㅜ ㄹ]과 [풀 : ㅍ ㅜ ㄹ] 두 소리의 다른 부분을 찾아보자.

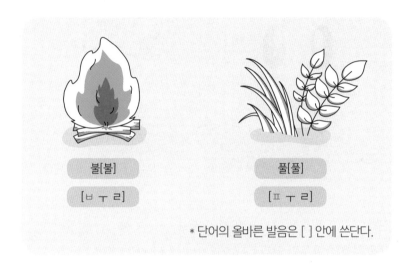

불[불]

[ㅂ ㅜ ㄹ]

풀[풀]

[ㅍ ㅜ ㄹ]

＊ 단어의 올바른 발음은 [ ] 안에 쓴단다.

모두 다 같은데 [ㅂ]과 [ㅍ]만 달라. 그치? 이거 모르는 사람 없지? (ㅡ_ㅡ)
[ㅂ]과 [ㅍ] 때문에 소리가 달라졌고,
무엇보다 뜻이 완전히 달라졌어.

그러니까
[ㅂ]과 [ㅍ]이 뜻을 구별해 주고 있다고 이야기할 수 있겠네.

비슷한 방식으로 자음 하나하나
모음 하나하나가 모두 뜻을 구별하는 데 쓰일 수 있어.

이번에는

[눈 : ㄴ ㅜ ㄴ]과 [눈: : ㄴ ㅜ ㄴ :] 두 소리의 다른 부분을 찾아보자.

눈[눈]

[ㄴ ㅜ ㄴ]

눈[눈:]

[ㄴ ㅜ ㄴ:]

* 장음 부호(:)는 소리를 길게 발음하라는 표시란다.

소리의 자음과 모음 구성은 완전히 같고

장음 부호(:) 유무만 달라. 그렇지? 이것도 모르는 사람 없겠지? (°_°)

장음 부호(:) 때문에 소리(소리의 길이)가 달라졌고

무엇보다 뜻이 완전히 달라졌어.

그러니까

소리의 길이(:)가 뜻을 구별해 주고 있다고 이야기할 수 있겠네.

바로 이러한 것들이 음운이야!

[불 : ㅂ ㅜ ㄹ]과 [풀 : ㅍ ㅜ ㄹ]에서 [ㅂ]과 [ㅍ]

[눈 : ㄴ ㅜ ㄴ]과 [눈: : ㄴ ㅜ ㄴ :]에서 소리의 길이(:)와 같이

뜻을 완전히 다르게 하고 뜻을 구별해 주는 것이지!

그럼 우리, 뜻을 완전히 다르게 하고
뜻을 구별해 주는 것(음운)들을 모아 보자.

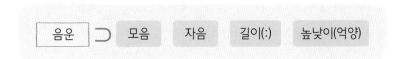

모음, 자음, 소리의 길이(:)뿐 아니라
높낮이(억양)도 말의 뜻을 완전히 다르게 하고, 의미를 구별해 줘.
'밥 먹고 있어'라는 똑같은 글자를 읽더라도
끝을 올리느냐 내리느냐에 따라서
묻는 말이 될 수도 있고, 대답하는 말이 될 수도 있으니 말이야.

그런데 한번 생각해 보자.

이렇게 말의 뜻을 구별해 주는 것 중에서
모음, 자음, 소리의 길이보다 더 작은 단위가 있을까?

음… 아무리 생각해도 더 작은 단위는 없는 것 같아.

그래서 음운에 대한 다음과 같은 정의가 가능해.
교과서가 좋아하는 정의니까 잘 기억해 두자. 외우라는 거얌 😊

음운 = 말의 뜻을 구별해 주는, 소리 단위 중 가장 작은 단위

음절(音節)

음절

지금까지 배운 음운은 소리 단위 중 가장 작은 단위였어.

이제 음운보다 한 단계 큰 소리 단위에 대해 배울 거야.
바로 음절(音소리 음 節마디 절)이란다.

음운의 음(音)과 음절의 음(音)은 같은 뜻을 담은 글자인데,
알다시피 '소리'라는 의미이지.
음운과 음절 모두 소리 단위니까
이름에 '소리'가 들어가는 건 너무나 당연하겠지?

음절은
하나의 마디로 끊어져서 소리 날 수 있는 덩어리를 의미해.

조심해야 할 건, 소리 단위이기 때문에
반드시 발음을 기준으로 이야기해야 한다는 거야.
대체 무슨 말인가 싶지? 덮지 말고 다음 쪽을 봐 ⓞⓞ

'국어책'은 '국, 어, 책'으로 이루어진 3음절의 단어가 아니라
'[구] [거] [책]'으로 이루어진 3음절의 단어인 것이지!
표기와 음절의 개념을 헷갈리면 안 돼. 쉽네 뭐! (◡)라고 생각했지?

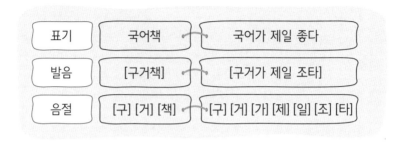

하지만 편의상
음절을 단순히 표기상의 '한 글자'를 가리키는 말로 쓰기도 해.
학교 시험에서 '2음절로 쓰시오.'라고 단서가 붙었다면
2글자로 적으라는 의미인 것이지.

교과서가 좋아하는 정의와 함께 음절의 의미를 정리해 줄게.

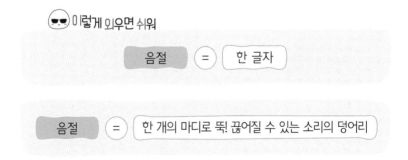

음절의 형태

음절이 어떤 소리 단위인지 알았으니
이제 음절이 어떤 형태로 이루어져 있는지도 살펴보자.

국[국]	=	ㄱ	+	ㅜ	+	ㄱ
1음절	=	첫소리 (초성)	+	가운뎃소리 (중성)	+	끝소리 (종성)

일반적으로 한 개의 음절은, 첫소리(초성)에 자음,
가운뎃소리(중성)에 모음, 끝소리(종성)에 자음으로 채워져 있어.

예를 들어 '국[국]'이라는 한 개의 음절은
첫소리 ㄱ, 가운뎃소리 ㅜ, 끝소리 ㄱ으로 이루어져 있지. 완전 쉬워! ⊙ᴗ⊙

그런데 표기상의 모양이 '국'으로 똑같다고 하더라도
앞뒤에 어떤 말이 붙느냐에 따라 음절의 형태는 달라진단다.

국어[구거]	=	ㄱ	+	ㅜ	/	ㄱ	+	ㅓ
2음절	=	초성	+	중성	/	초성	+	중성

국가[국까]	=	ㄱ	+	ㅜ	+	ㄱ	/	ㄲ	+	ㅏ
2음절	=	초성	+	중성	+	종성	/	초성	+	중성

음절은 총 4가지의 형태로 이루어질 수 있는데
모두 모아서 표로 묶어 봤어. 몸소 묶어 보았다! (•̀ᴗ•́)

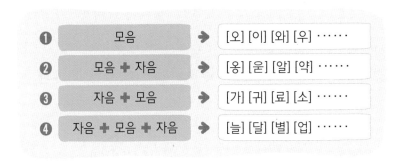

이 표를 이해하는 건 정말 쉬울 거야.
알아야 할 내용 중에서 갸우뚱하기 쉬운 것들을 설명해 줄게.

분명히 모음으로만 이루어진 음절이라고 표시해 놓았는데,
왜 초성 자리에 자음인 'ㅇ'이 있을까?

초성 자리에 있는 'ㅇ'은 음가(音소리 음 價값 가), 즉 음의 값이 없단다.
발음이 되지는 않고, 표기상으로만 존재한다는 것이지.
없어도 되지만 보기에 허전하니까 ㅇ으로 자리를 채워준 거야.

'ㅗ'를 발음할 때와 '오'를 발음할 때 소리의 차이가 전혀 없지?
ㅇ이 음가 없이 표기상으로만 존재한다는 증거야!

무지무지 중요해서 다시 한 번 이야기할게.

음운과 음절은 소리 단위라고 했었어.

그래서 둘 다 음(音소리 음)자 돌림 이름인 거잖아.

이제 비밀을 알려 줄게.

❷의 [운]은 사실 표기상으로는 '웃'이야. ❹의 [업]은 '없'이고······!

별로 안 놀랐구나. (◡‿◡)

음절은 소리 단위라서,

문법의 정석적인 의미대로라면 '웃'이라는 음절은 있을 수 없어.

왜냐하면 [웃]이라는 소리가 있을 수 없으니까.

'없'이라는 음절도 있을 수 없지.

[없]이라는 소리 역시 있을 수 없으니까. 억지로 소리 내려고 하지마 (◡‿◡)

종성을 가진 음절이 자음을 소리 내며 끝날 때, 그 자음 소리는

'ㅅ'이나 겹받침 같은 자음으로 발음될 수 없단다.

표기는 얼마든지 가능하지만

발음할 수 없고, 발음 괄호 안에 쓸 수 없는 것이지.

이제 다시 음절의 형태를 정리한 표를 보자.

앞에서 이 표를 봤을 때, ❶❷❸❹의 공통점을 혹시 찾았었니?

4가지 형태에 모두 모음이 포함되어 있어!
'자음' 혼자서는 발음될 수 없으니 당연한 거겠지.

또 음절 하나에 모음은 딱 한 개씩만 있어!

음절 한 개(한 글자)에, 모음이 두 개면…… 이상하잖아.
찬찬히 생각해 봐. 그런 글자는 없지?

자, 그럼 이렇게 정리할 수 있겠다! 😊

모음의 수와 음절의 수는 일치한다.
그러므로 모음이 하나면 음절도 하나인 것!

풀어 볼 거지?

01. 아래의 문장을 읽고 맞으면 ◯, 틀리면 ✕에 표시를 해 보렴.

① 모음을 발음하면, 입안 기관이 공기 흐름을 방해한다. ◯ ✕

② 단모음 발음에서, 혀의 높이가 높으면 전설 모음이다. ◯ ✕

③ 자음은 조음 위치에 따라 파열음, 파찰음 등으로 나눈다. ◯ ✕

④ 모든 모음은 울림소리에 속한다. ◯ ✕

⑤ 자음 중 비음에 속하는 것은 ㅂ, ㄷ, ㄱ이다. ◯ ✕

02. 빈칸에 알맞을 단어를 써넣어서 단어 퍼즐을 완성해 보렴.

① ② ③

① **가로** 소리의 단위 중 가장 작은 단위

① **세로** 하나의 마디로 끊어지는 소리 단위

② 입술을 동그랗게 오므려서 소리 내는 단모음

③ 공기의 흐름을 막았다 팍 터뜨리며 내는 소리

02. ① 가로 음운 ① 세로 음절 ② 원순 모음, ③ 파열음
01. ① ✕ ② ✕ ③ ◯ ④ ◯ ⑤ ✕

44

소리를 낼 때
몸의 어느 부분을 쓰는지 아냐?

난 발!

보통의 사람들은 입 안에 있는
입천장, 혀, 이, 잇몸 같은 것들을 써

야! 그런 걸
"발음기관"이라고 하잖아.

우리말 어문 규범 중,

표준 발음법과 한글 맞춤법을 중심으로

실생활에 도움이 되는

올바른 발음 방법과 한글 표기 방법에 대해 공부할 거야.

셋,
발음과 표기

표준 발음법

어문 규범

우리는 말을 하고 글을 쓰며 하루도 빠짐없이 언어생활을 하고 있어.

혼잣말을 하고 혼자만 보는 글을 쓸 때도 있지만
누군가와 대화하고 누군가가 보는 글을 쓸 때가 훨씬 더 많지.

그런데 사람들 사이에서 말과 글이 오고 갈 때
아무런 규칙 없이 뒤죽박죽이면 혼란스러운 일들이 많이 생길 거야.

그런 일들이 일어나는 걸 방지하기 위해 만들어진 것이
바로 어문 규범이란다. 언어생활하면서 지켜야 할 규칙! (◡‿◡)
어문 규범은 총 5개의 큰 줄기로 이루어져 있어.

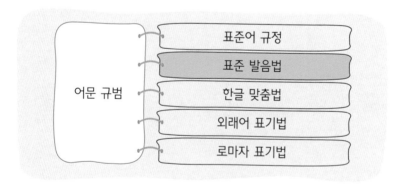

어문 규범
- 표준어 규정
- 표준 발음법
- 한글 맞춤법
- 외래어 표기법
- 로마자 표기법

여기서는 그중 표준 발음법에 대해 공부해 볼 거야.

표준 발음법은
발음의 모범 답안을 정해 놓은 것이라고 생각하면 돼.

창문으로 빛이 정말 많이 들어온다.
❶ [비치]   ❷ [비지]   ❸ [비시]

"빛이"는 ❶ ❷ ❸ 중 어떻게 발음하는 것이 올바를까?
일상 속에서는 ❸으로도 많이 발음하지만, 정답은 ❶이야.

"빛이"처럼 받침으로 끝나는 말 뒤에
모음으로 시작하는 조사(예 이, 을)나 어미(예 -어/아)가 오면
받침소리를 그대로 조사나 어미의 초성 자리로 옮겨서 발음하기로
표준 발음법에 정해 놓았거든.

☺ 기억하지?

초성 자리에 있는 'ㅇ'은 음가(音소리 음 價값 가), 즉 음의 값이 없단다.
발음이 되지는 않고, 표기상으로만 존재한다는 것이지.
없어도 되지만 보기에 허전하니까 ㅇ으로 자리를 채워준 거야.

만약 "빛이"를 [비시]로 발음한다면,
창문으로 (머리)빗이 많이 들어온다는 의미가 된단다.
무서운 일이지 ㅋㅋ ☺

이제 표준 발음법 중 꼭 알아야 할 몇 가지 규정을 살펴볼 거야.

표준 발음법 제1장 총칙 ─────────────

표준 발음법 제1장 총칙 제1항

표준 발음법은 표준어의 실제 발음을 따르되,
국어의 전통성과 합리성을 고려하여 정함을 원칙으로 한다.

😊😊 여기서 잠깐!

표준어 규정 제1장 총칙 제1항

표준어는 교양 있는 사람들이 두루 쓰는 현대 서울말로 정함을 원칙
으로 한다.

표준 발음이 표준 어의 실제 발음을 따라야 한다는 건
너무나 당연한 이야기지?
그런데 국어의 전통성을 고려해야 한다는 말은 무슨 의미일까?
합리성은 또 뭐지? 천천히 아래 내용을 따라가 보자. 아이쿠 복잡하지? 😊😊

오른쪽의 『훈민정음 언해본』은 한자로 표기된 책 『훈민정음』의
「어제 서문」과 「예의」 부분을 한글로 번역해서 묶은 책이란다.

『훈민정음 언해본』에 쓰인 한글을 보면
글자의 왼쪽에 점이 찍혀 있지?

어떤 글자의 옆에는 한 개, 또 어떤 글자의 옆에는 두 개,
점이 전혀 찍혀 있지 않은 글자도 있고 말이야.

여기서 잠깐!

훈민정음 언해본

중세 국어(고려~조선 임진왜란)
시기의 언어생활이 어떠했는지
살펴볼 수 있다.

출처 : 문화재청

예전에는 그 '점'을 이용해서 성조(소리의 높낮이)를 표현했다고 해.

그런데 근대를 거쳐 현대로 넘어오면서
성조는 사라졌고, 그 흔적이 소리의 길이로 남게 되었어.

갑자기 훈민정음 이야기를 해서 갸우뚱하는 친구도 있을 텐데,
바로 이게 국어의 전통성을 고려한 것이란다!

성조의 흔적으로 남은 소리의 길이를 표준 발음에 고려하는 것은
옛날 우리 선조들의 발음 흔적을 존중한다는 의미지.

또 발음을 할 때에는 주어진 음운 환경에 따라 나름의 규칙이 있는데,
(어떤 내용의 규칙인지는 고등학생 때 자세히 배울 거야.)

표준 발음법에서 국어의 합리성을 고려한다는 말은
그 규칙들을 존중한다는 의미란다. 너무 쉬워서 당황스럽지 않아? ◕‿◕

'의' 발음

일상의 언어생활에서 가장 많이 헷갈리는 발음인
'의' 발음과 관련된 규정을 가져왔어.

> **표준 발음법 제2장 제5항**
>
> 'ㅑ, ㅒ, ㅕ, ㅖ, ㅘ, ㅙ, ㅛ, ㅝ, ㅞ, ㅠ, ㅢ'는 이중 모음으로 발음한다.
>
> 다만 3. 자음을 첫소리로 가지고 있는 음절의 'ㅢ'는 [ㅣ]로 발음한다.
>
> 다만 4. 단어의 첫음절 이외의 '의'는 [ㅣ]로, 조사 '의'는 [ㅔ]로 발음함도 허용한다.

먼저, 'ㅑ, ㅒ, ㅕ, ㅖ, ㅘ, ㅙ, ㅛ, ㅝ, ㅞ, ㅠ, ㅢ'는 이중 모음이야.
이중 모음은 이중 모음답게 발음해야겠지?

☺ 기억하지?

> 그런데 이중 모음을 발음할 때는
> 발음하는 중간에 혀의 모양이나 위치, 입술의 모양이 바뀐단다.
> 예를 들어 이중 모음인 'ㅑ'는
> 'ㅣ'가 반 정도만 발음된 다음 'ㅏ' 소리가 나면서 발음되는 것이거든.

그리고 이중 모음 중 'ㅢ' 발음을 제대로 하기 힘든 경우를 위해
저렇게 '다만' 규정을 따로 만들어 놓은 것이란다.

'ㅢ'는 환경에 따라 자그마치 3가지로 발음될 수 있어.
또 원칙으로 정한 발음뿐 아니라 허용해 주는 발음도 있기 때문에
발음 몇 번 해 보는 것으로는 외우기가 쉽지 않지.

그래서 보기 편하게 표로 정리해 봤어. 어때 깔끔하지? (•‿•)

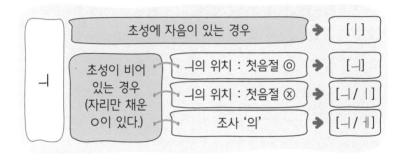

일단, 'ㅢ'의 초성 자리를 자음이 채우면 무조건 [ㅣ]로 발음해.

'ㅢ'의 초성 자리를 자음이 채우지 않고,
음가 없이 자리만 채운 ㅇ이 있을 때가 좀 복잡한데
차근차근 표를 보면 충분히 이해가 될 거야.

표를 이해했으면,
민주주의의 의의가 몇 가지로 발음될 수 있을지 생각해 보자.
답을 써 줄 테니, 왜 답인지를 표와 함께 천천히 이해해보렴. (◉‿◉)

[민주주의의 의의] [민주주의의 의이] [민주주의에 의의] [민주주의에 의이]
[민주주이의 의의] [민주주이의 의이] [민주주이에 의의] [민주주이에 의이]

'ㅖ' 발음

표준 발음법에서 '<mark>ㅖ</mark>' 발음과 관련된 규정을 가져왔어.

'ㅢ' 발음 못지 않게 'ㅖ' 발음도
제대로 발음하기 힘든 경우가 많아. 너희들이 발음하느라 고생이 많다 (๑)

그래서 반드시 [ㅖ]로 발음해야 하는 때를 제외하고
[ㅔ]로 발음하는 것도 허용한단다.
실제 언어생활에서의 현실 발음을 고려해서 말이야.

이것도 표로 정리해서 보여 줄게. 아래를 봐! (◡)

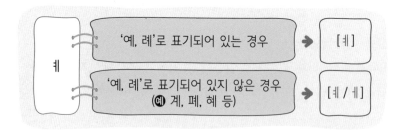

받침소리 발음

먼저 받침소리가 무엇인지를 알아야겠다.
물론 이미 알고 있는 친구들이 많겠지만 말이야.

둘, 음운의 체계에서 음절에 대해 공부할 때 보았던
첫소리(초성), 가운뎃소리(중성), 끝소리(종성)를 기억하지?

끝소리(종성)의 또 다른 이름이 바로 받침소리란다.

그렇다면 바로 위에 보이는 말들의 받침소리 발음은 어떻게 할까?
평소에는 정말 자연스럽게 고민 없이 발음했는데
막상 대답을 떠올리려니 확신이 잘 안 서지? 괜찮아 괜찮아 ☺

하나하나 차근차근 읽어 보자.

받침소리 규정 중 첫 번째 규정이야.

표준 발음법 제4장 제8항

받침소리로는 'ㄱ, ㄴ, ㄷ, ㄹ, ㅁ, ㅂ, ㅇ'의 7개 자음만 발음한다.

받침소리는 그 받침이 홑받침이든 쌍받침이든 겹받침이든
규정에서 정한 대로 7개 자음 중 하나로만 발음이 된단다.

그럼 앞에서 봤던 단어들의 받침소리가
어떻게 발음되는지 보자. 읽지만 말고 소리를 내 보자! (•ᴗ•)
정말로 모든 받침소리가 7개 중의 하나로만 발음되지?

꽃 ➡ [꼳]	히읗 ➡ [히은]
맛없다 ➡ [마덥따]	늪 ➡ [늡]
닭 ➡ [닥]	밖 ➡ [박]

(⚆ᴗ⚆) 이렇게 외우면 쉬워

가 느 다 란 물 방 울

받침소리 규정 중 겹받침 관련 규정이야.

앞에서 이야기했듯, 겹받침도 7개의 자음 중 하나로만 발음 돼.

표준 발음법 제4장 제10항, 제11항

제10항: 겹받침 'ㄳ', 'ㄵ', 'ㄼ, ㄽ, ㄾ', 'ㅄ'은 어말 또는 자음 앞에서
각각 [ㄱ], [ㄴ], [ㄹ], [ㅂ]으로 발음한다.

다만, '밟-'은 자음 앞에서 [밥]으로 발음하고,
'넓-'은 예와 같은 경우에 [넙]으로 발음한다.
예 넓-죽하다[넙쭈카다], 넓-둥글다[넙뚱글다]

제11항: 겹받침 ㄺ, ㄻ, ㄿ은 어말 또는 자음 앞에서
각각 [ㄱ], [ㅁ], [ㅂ]으로 발음한다.

그런데 두 자음 중 어느 쪽이 탈락하고 어느 쪽이 남을지가 문제지.

이 규정도 언뜻 보면 무지 복잡한 말 같은데, 한번 표로 정리해 보자!

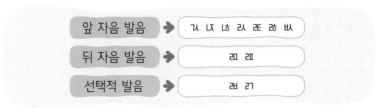

앞 자음 발음 →	ㄳ ㄵ ㄶ ㄽ ㄾ ㅄ
뒤 자음 발음 →	ㄻ ㄿ
선택적 발음 →	ㄼ ㄺ

규정보다 훨씬 쉬워졌지? ◡‿◡

앞 자음 발음 은 두 자음 중 앞의 것이 발음되는 것이고,
뒤 자음 발음 은 두 자음 중 뒤의 것이 발음되는 거야.
선택적 발음 은 두 자음이 상황에 따라 선택적으로 발음되는 것이지.

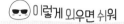 이렇게 외우면 쉬워

뒤 자음 발음 ➡	ㄹㅁ ㄹㅍ
선택적 발음 ➡	ㄹㅂ ㄹㄱ

뒤 자음 발음 과 선택적 발음 만 외우면
나머지는 모두 앞 자음 발음 이니까 기억하기 편할 거야.

그런데 한 가지 조심해야 할 게 있어.
ㄿ은 뒤 자음 발음 이니까 [ㅍ]으로 발음해야 하는데…….

 기억하지?

받침소리는 그 받침이 홑받침이든 쌍받침이든 겹받침이든
규정에서 정한 대로 7개 자음 중 하나로만 발음이 된단다.

'늪'이 [늡]으로 발음되는 것처럼
뒤 자음 발음 인 ㄿ은 [ㅍ]이 아닌 [ㅂ]으로 발음된다는 말이지!

그럼 이제 선택적 발음 인 ㄺ, ㄼ이
어떤 상황에서 어떻게 선택적으로 발음되는지 알려 줄게.

지금부터 조금만 더 집중해봐!

ㄺ은 기본적으로 [ㄱ]으로 발음돼.

그런데 명사가 아닌 글자의 받침으로 쓰인 ㄺ의 뒤에

초성이 ㄱ인 글자가 오면, [ㄹ]로 발음된단다. 읽고[일꼬]처럼 말이야.

ㄼ은 4가지 예외(밟다, 넓죽하다, 넓둥글다, 넓적하다)만 빼고는

모두 다 [ㄹ]로 발음되니, 4가지 예외만 잘 기억하면 되겠지?

조심해야 할 건, 4가지 예외에 해당하는 단어가

밟고, 밟지, 넓죽하게, 넓둥글고, 넓적하게 등으로 활용되는 경우도

당연히 [ㅂ]으로 발음된다는 것!이야. 너무 당연한 걸 말했나? (ㆍㅅㆍ)

받침소리가 어떻게 발음되는지,

특히 선택적으로 발음되는 ㄺ, ㄼ을 제대로 알아 두면

수능 시험 때까지 두고두고 도움이 될 테니 아래 표를 잘 봐 두자.

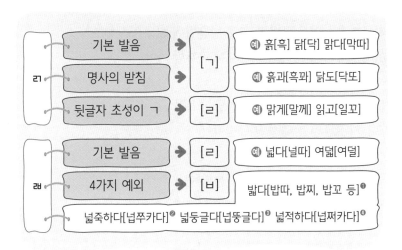

한글 맞춤법

어문 규범

사람들 사이에서 말과 글이 오고 갈 때
혼란스러운 일이 생기는 걸 방지하기 위해 만들어진 게
바로 어문 규범이라고 했던 것 기억하지?

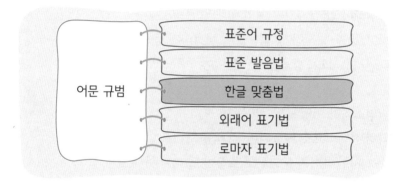

지금까지는 어문 규범 중 표준 발음법에 대해 공부했고,
이제부터는 한글 맞춤법에 대해 공부할 거야.

한글 맞춤법은 우리가 쓰는 한글의 표기,
그것의 표준을 정해 놓은 규범이야.

표준 발음법이 발음의 모범 답안이라면
한글 맞춤법은 표기의 모범 답안이라고 할 수 있지.

이렇게 정리하니 더 쉽지? (⊙.⊙)

어째서 쓰는 것에도 표준이 필요한 걸까? 예를 들어 볼게.

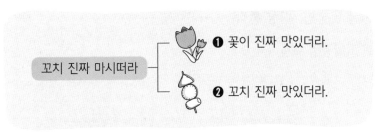

"꼬치 진짜 마시떠라."는 표기는
❶처럼 (식용)꽃이 맛있다는 것일까, ❷처럼 꼬치가 맛있다는 것일까?
같은 의미를 전달하고자 하면서
어떤 사람은 ❶로, 어떤 사람은 ❷로 표기하면 어떻게 될까?

그리고 "마시떠라"라는 표기가
한 번에 "맛있더라"는 의미로 모두에게 받아들여질까?
"마시떠라"뿐 아니라 "마싣떠라" 혹은 "마싯더라"라고
사람에 따라 제각각 표기한다면 또 얼마나 혼란스러울까?

머리가 띠용~ 아플거야! 😶

한글 맞춤법은 이런 불편함과 혼란을 줄이고,
표기되어 있는 글을 쉽게 읽으면서도
그 의미를 바르게 파악할 수 있도록 도와주는 규범이란다.

한글 맞춤법이 왜 필요한지 이제는 잘 알겠지?
이제 한글 맞춤법 규정 중 꼭 알아야 할 규정을 하나 보도록 하자.

그리고 자주 실수하는 표기도 모아 볼 거야.

한글 맞춤법 제1장 총칙

한글 맞춤법 규정이야.

올바른 표기의 기준을 표준어로 삼는 것은 당연한 것이겠지?

> ### 한글 맞춤법 제1장 총칙 제1항
>
> 한글 맞춤법은 표준어를 소리대로 적되, 어법에 맞도록 함을 원칙으로 한다.

😊기억하지?

> ### 표준어 규정 제1장 총칙 제1항
>
> 표준어는 교양 있는 사람들이 두루 쓰는 현대 서울말로 정함을 원칙으로 한다.

한글 맞춤법의 큰 원칙은 두 가지로 나누어 볼 수 있어.

소리대로 적는다는 것(❶)과 어법에 맞도록 한다는 것(❷)이야.

❶원칙을 기본으로 표기하되,

경우에 따라 ❷원칙을 적용하라는 의미로 이해해도 괜찮아.

이렇게만 봐서는 무슨 말인지 잘 와닿지 않을 거야.

❶원칙은 소리를 기초로 만든 글자인 한글의 특성을 존중해서

소리가 나는 대로 적는다는 의미야.

❶원칙을 잘 살려서 적은 단어들을 보여 줄게.

| 하늘 | 바람 | 비 | 구름 | 자다 | 쓰다 |

그런데 소리대로만 적으면
그 뜻을 바로 파악하기 힘든 경우가 있어.

빛 ➡ | 비치 | 비츨 | 빋또 | 빋꽈 | 빈만 |

그나마 맨 앞에 빛 이라는 표제어를 써 놓았으니 알아보는 거지,
표제어 없이 비치 비츨 빋또 같은 말들만
잔뜩 나열되어 있었다면 무슨 말인지 알아보기 힘들었을 거야.

이럴 때 필요한 게 바로 ❷원칙이란다!

❷원칙은 뜻을 파악하기 쉽도록
형태소의 원래 모양을 그대로 표기하라는 의미거든.
이렇게 말이야. 훨씬 알아보기 쉬워졌지? (◠‿◠)

빛 ➡ | 빛이 | 빛을 | 빛도 | 빛과 | 빛만 |

자주 틀리는 표기

무언가를 거절할 때는 '안 돼요'라고 해야 해.
기본형 '되다'가 활용되어서
되- + -어- + -요가 줄어든 말이 돼요이거든.

또 '안 돼요(안 되어요)'는 맞지만 '안 됀다'라고 하면 안 돼.
기본형의 모양이 '되다'이니까 '안 된다(안 되ㄴ다)'고 해야 하지.

이렇게 외우면 쉬워

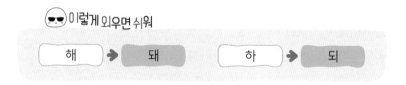

그 자리에 '해'를 넣어서 말이 잘 통하면 '돼'를 쓰고,
'하'를 넣어서 말이 잘 통하면 '되'를 쓰면 돼. 쉬운 방법이지? 😊

예를 들어, "그렇게 하면 되/돼지."에서 '되'인지 '돼'인지 헷갈리면
'되/돼'라는 글자 대신 '하' 또는 '해'를 넣어 보자.
"그렇게 하면 하지. / 그렇게 하면 해지."
'해'보다 '하'를 쓰는 게 더 자연스럽지?

그러니까 "그렇게 하면 되지."가 맞춤법에 맞는 표기란다.

"그럼 다음에 뵈요/봬요."도 헷갈릴 때가 많지?
이 말 역시 말이 어떻게 줄었는지를 보면 헷갈리지 않을 거야.

기본형 '뵈다'는 웃어른을 대하여 본다는 말의 높임 표현인데,
뵈- + -어가 줄어들어 봬가 된 거란다.
그러니 '봬요' 혹은 '뵈어요'라고 해야지 '뵈요'라고 하면 안 돼요.

찌개와 육개장에는 '게' 혹은 '계'가 아니라 '개'를 쓴단다.

종종 육개장이 닭고기(鷄닭 계)를 넣어 만든 국이라고 생각해서
육계장이라고 생각하는 친구들이 많은데, 치킨 생각했지?! ㅋㅋ (◡)
육개장은 쇠고기를 삶아서 넣는 국이야.

'졸임'은 '졸이다'를 명사로 만든 말이고,
'조림'은 '조리다'를 명사로 만든 말이야.

찌개나 국의 국물이 줄어들도록 하는 게 졸이는 것(졸임)이고,
국물이 거의 없게 하는 것이 비슷하긴 하지만
양념이 스며들게 하는 것에 초점이 맞춰진 게 조리는 거(조림)지.
생선졸임일까, 생선조림일까? 생선조림!이 맞지. 생선조림은 양념 맛! (•◡•)

"오늘은 웬지/왠지 국어 공부가 하고 싶다."는 말은
오늘은 '왜인지는 잘 모르겠지만' 국어 공부가 하고 싶다는 의미지?
왠지는 왜인지가 줄어든 말이란다.

그러니까 "오늘은 왠지 국어 공부가 하고 싶다."라고 써야겠지.

반면에 "이게 웬/왠 떡이야?"는 말은
이게 '무슨, 어떤' 떡이냐는 뜻이지, '왜인' 떡이냐는 뜻이 아니기 때문에
무슨, 어떤이라는 뜻의 웬이라고 쓰는 게 맞아. 안 어렵지? (◡‿◡)
참고로 '웬지'라는 말은 국어사전에 아예 존재하지 않는 말이야.

"공유가 새벽 1시까지 공부를 했데/했대."라는 말은
공유가 새벽 1시까지 공부를 '했다고 해'라는 의미지?
했다고 해를 줄이면 했대가 된단다.
누군가에게 들은 말을 다른 사람에게 전달할 때 하는 말이지.

그러니까 "공유가 새벽 1시까지 공부를 했대"가 맞는 표기야.

그런데 만약에 공유가 새벽 1시까지 공부하는 것을
직접 보고 공유가 새벽 1시까지 공부를 '하더라'라는 의미로 쓴다면
'공부를 했데' 혹은 '공부를 하데' 라고도 할 수 있어.

"하 '더'라"니까 '데'~ (•‿•)

"국어 문법이 쉬워지는 게 내 바램/바람이다."에서
바램, 바람 둘 중 뭐가 맞는 말일까?

바라다라는 동사가 명사 형태로 바뀌려면
'바라-'에 동사를 명사로 만들어 주는 '-ㅁ'이 붙어야 해.
그리고 '라'에 쓰인 모음 'ㅏ'가 'ㅐ'로 바뀌어야 할 이유가 없으니
당연히 바람이 맞아!

풀어 볼 거지?

01. 빈칸에 알맞은 단어를 써넣어 보렴.

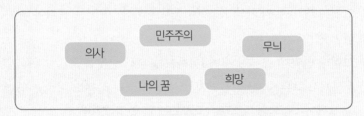

표준 발음법은 표준어의 실제 발음을 따르되, 국어의 ⬜⬜⬜ 과 ⬜⬜⬜ 을 고려하여 정함을 원칙으로 한다.

02. 아래 단어 중 'ㅢ'가 [ㅣ]로 발음되는 단어에 ✓ 표시해 보렴.

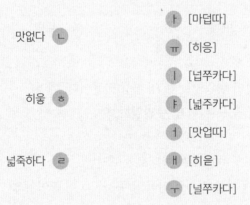

민주주의

의사

무늬

나의 꿈

희망

03. 왼쪽의 단어를 발음해 보고, 올바른 발음과 연결해 보자.

맛없다 (ㄴ)

ㅏ [마덥따]

ㅠ [히응]

ㅣ [넙쭈카다]

히읗 (ㅎ)

ㅑ [넓주카다]

ㅓ [맛업따]

넓죽하다 (ㄹ)

ㅐ [히읃]

ㅜ [널쭈카다]

니들이 받침을 알아?

난 아는데 말 안 해!

홑받침, 쌍받침, 겹받침
이런 거 말하는 거잖아!

나도 알아! 홑받침은 자음 한 개만 있는 거,
쌍받침은 ㄲ, ㄸ, ㅆ 이런 거지?

겹받침은 ㄳ, ㄵ, ㄺ, ㄻ, ㄼ, ㄾ, ㅄ 이런 거고

수많은 단어들이 의미, 역할, 형태에 따라

어떻게 분류되는지 알아볼 거야. 그리고

그러한 단어의 갈래에 쉽게 접근할 수 있도록

의미에 따른 분류(품사)에 대해 먼저 공부할 거야.

넷,
단어의 갈래

단어와 품사

단어

지금 머릿속에 떠오르는 단어들을 한번 읊조려 볼까?
아마 엄청나게 많은 단어를 말할 수 있을 거야.

그럼 이제 단어의 정의를 한번 이야기해 볼래? 음 … 음?! 😳

말할 수 있을 것 같기도 하고 뭔가 우물쭈물하게 되지?
당연한 거니까 걱정 마.

그렇지만 지금부터는 확실히 알아 두자. 이렇게 말이야.

😎)이렇게 외우면 쉬워

| 단어 | = | 품사 |

물론 교과서가 좋아하는 정의는 따로 있지만, 그건 나중에 알려 줄게.
지금은 이것만 확실히 기억해 두면 돼. 단어는? 품사!

품사

단어는? 품사! 라고 단단히 머릿속에 넣었으니
이제 본격적으로 품사를 공부해 보려고 해.

명사, 대명사, 동사, 형용사….
이렇게 '사(詞말 사)'자로 끝나는 '사'자 돌림 이름들,
이 이름들을 모두 하나의 이름으로 묶어서 품사라고 불러.
우리말의 품사는 아홉 종류라서 9품사라 하기도 하지.

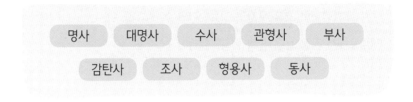

그런데 우리 앞에서 단어를 뭐라고 하기로 했더라?
맞아. 단어는? 품사! 라고 하기로 했어. 외울 때까지 반복할 거야!
그렇다면 9품사 각각은 모두 다 단어! 라고 할 수 있겠네!
이 개념이 머릿속에 꼬옥 있어야 해!

9품사의 첫 글자만 따서 여러 번 반복해 읊조려 보자.

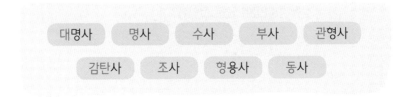

체언 : 명사 대명사 수사

명사

명사(名이름 명 詞말 사)는
한자 이름 그대로 어떤 것들의 '이름(명칭)'을 나타내는 말이란다.

그리고 이름(명칭)들을 성격에 따라
보통 명사와 고유 명사로 나눌 수 있어.
의존 명사와 자립 명사로 나누기도 하고 말이야.

우선, 보통명사와 고유명사로 나누는 기준은 아래와 같아 ☺

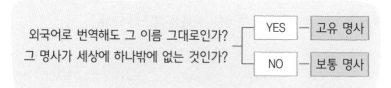

고유 명사는 외국어로 번역해도 원래 이름 그대로 발음돼.

한글이나 한강을 생각해 봐.

외국인들이 그들의 언어로 따로 이름 짓지 않고

[한:글], [한:강]이라고 부르잖아. 그치?

물론 한국인의 발음과 비교하면 좀 어눌하긴 하지만 말야.

그렇다면…… 지구, 해, 달은 어때?

세상에 하나밖에 없는 것들이니까 고유 명사인가?

외국인들이 지구, 해, 달을 그들의 언어로 따로 이름 짓지 않고

[지구], [해], [달]이라고 부르니? 쥐구~ 엄… 엄… 딸~ 이렇게?! (⌒⌒)

아니야. 각각의 언어마다

아래의 영어, 프랑스어처럼 지구, 해, 달을 부르는 말이 모두 다 달라.

지구, 해, 달은 언어마다 각각의 이름이 다양하게 있으니까 보통 명사야.

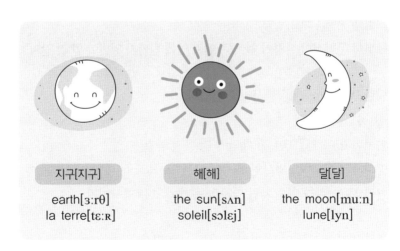

지구[지구]
earth[ɜːrθ]
la terre[tɛːʀ]

해[해]
the sun[sʌn]
soleil[sɔlɛj]

달[달]
the moon[muːn]
lune[lyn]

그럼 이제

어떤 기준으로 명사를 자립 명사와 의존 명사로 가르는지 알아보자.

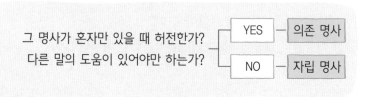

학생, 학교, 한글, 한라산, 지구, 해, 달······.

이런 종류의 명사들은 혼자만 있어도 허전하지 않아.

어렸을 때 가지고 놀던 낱말 카드에 하나씩 쓰여 있어도

너무나 자연스럽지.

이런 명사들을 자립 명사라고 해.

그런데 원(₩), 대로, 만큼, 것, 뿐은 어때?

특별히 문법적인 설명이 없어도, 왠지 앞에 뭔가가 있어야 할 것 같지?

이런 명사들을 의존 명사라고 한단다.

여기까지 이해했으면, 한 계단만 더 다져 놓자.

명사 '학생'은 자립 명사인 동시에 보통 명사(외국어로 번역이 돼!)야.

반면, 명사 '한라산'은 자립 명사인 동시에 고유 명사이지.

보통 명사와 고유 명사, 자립 명사와 의존 명사

이제 이 이름들이 꽤 친근하지? 아니라고? (ㅡㅡ) 구냥 계속 읽어.

대명사

대명사(代 대신할 대 名 이름 명 詞 말 사)는
한자 이름 그대로 명사를 대신하는 말이라고 풀이할 수 있어.
문장이나 문단에서 먼저 언급된 어떤 명사를 대신해 쓴 말이 있다면
그게 바로 대명사야! (◡‿◡)

아래의 밑줄 부분은 모두 먼저 나온 명사를 대신해 쓴 대명사들이야.
우선 첫 번째 박스만 보고 각 대명사가 가리키는 명사를 찾아보자!

> 지식 중학교 학생들은 오늘 다 같이 한라산에 올랐어.
> 목적지에 첫째로 도착한 학생은 공유였단다.
> 거기에는 정말 다양한 꽃들이 흐드러지게 피어 있었지.
> "이것 좀 봐." "공유야, 네가 찾은 것보다 저것이 더 예뻐!"

> 지식 중학교 학생들은 오늘 다 같이 한라산에 올랐어.
> 목적지에 첫째로 도착한 학생은 공유였단다.
> 거기에는 정말 다양한 꽃들이 흐드러지게 피어 있었지.
> "이것 좀 봐." "공유야, 네가 찾은 것보다 저것이 더 예뻐!"

그리고 대명사도 명사처럼 성격에 따라 각각 이름이 있는데,
사람을 가리키면 인칭 대명사,
사물이나 장소를 가리키면 지시 대명사라고 한단다.

수사

수사(數 셈하다 수 詞 말 사)는 이름부터 뭔가 느낌이 오지?
수사의 '수(數)'는 산수나 수학의 '수'와 같은 한자란다.

수사는 어떤 것의 수량이나 순서를 나타내는 말이야.
정말 쉽게 이야기하면, 숫자를 표현한 말이라고 할 수 있지!

우리는 숫자를 셀 때,
단순히 몇 개인지 양을 따져서 세기도 하고,
무엇이 먼저고 나중인지 순서를 따져서 세기도 하지?

전자의 경우엔 하나, 둘, 셋…… 또는 일, 이, 삼……으로 세지만
후자의 경우엔 첫째, 둘째, 셋째…… 또는 제일, 제이, 제삼……으로 세지.

수사는 이 두 가지 방식 중 어떤 방식으로 세느냐에 따라
각기 다른 이름이 붙는단다. 품사는 이름이 느므느므 많아. (｡◞‸◟｡)

하나, 둘, 셋…… 처럼 단순히 양을 따지면 양수사
첫째, 둘째, 셋째……처럼 순서를 따지면 서수사라고 말이야.

78

체언 : 명사 대명사 수사

이제 우리는 명사, 대명사 그리고 수사가 어떤 말들인지를 알아.
여기서 한 가지만 더해서 기억해 두면 정말 좋은데, 그것은 바로

명사, 대명사, 수사를 묶어서 체언이라고 부른다는 거야.
우리가 앞에서 봤던 이 문장들을 다시 보자.

> 지식 중학교 학생들은 오늘 다 같이 한라산에 올랐어.
> 목적지에 첫째로 도착한 학생은 공유였단다.
> 거기에는 정말 다양한 꽃들이 흐드러지게 피어 있었지.
> "이것 좀 봐." "공유야, 네가 찾은 것보다 저것이 더 예뻐!"

체언(명사, 대명사, 수사)만 다른 색으로 표시해 두었어.
다른 색으로 표시한 말들만 쏙쏙 골라서 읽어 볼래?
어때? 좀 과장이긴 하지만,
다른 색으로 표시한 말들만으로도 어느 정도 뜻이 전달된다. 그치? 😳

체언(體 신체 체 言 말씀 언)의 '체(體)'는 신체, 몸을 의미하는데
이름처럼 체언은 문장에서 굵직굵직한 몸통 역할을 한단다!

그리고 체언의 가장 크고 중요한 특징은 뒤에 '조사'가 붙는다는 거야.
'조사'는 나중에 자세히 배울 것이지만,
미리 예습해 두자.
체언(명사, 대명사, 수사)의 뒤에는 조사가 붙는다!

수식언 : 관형사 부사

관형사

이번에도 관형사의 한자 이름을 살펴봐야 해.

관형사(冠갓 관 形모양 형 詞말 사)의 '관(冠)'은 갓이라는 의미의 한자야.

갓은 예전에 어른이 된 남자가 쓰던 모자였는데,

모자는 머리를 예쁘게 꾸며주는 것이지? 관형사의 역할이 그래.

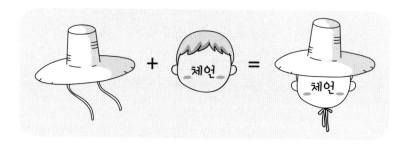

관형사는 체언의 모자가 되어서 체언을 꾸며준단다.

그런데 정말 잘 기억해야 해.

오직 체언에게만!! 모자가 되어준다는 것.

그리고 모자를 머리 위에 쓰는 것처럼,

관형사도 체언의 앞!!에서만 체언을 꾸며준다는 것.

관형사도 다른 품사처럼 어떤 역할을 하는지에 따라

각기 다른 이름이 붙는데, 그 이름을 먼저 말해 줄게.

성상관형사, 지시관형사, 수관형사야. 말이 조금 어렵지? 설명해 줄게 👓

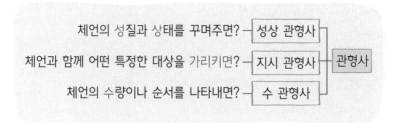

어때? 성상 관형사, 지시관형사, 수관형사의
'성상, 지시, 수'라는 이름이
각각 어떤 의미를 줄인 것인지를 보니 좀 쉽게 느껴지지?

뒤에 오는 체언의 성질과 상태를 꾸며주는 성상 관형사에는
새, 헌, 옛 같은 말들이 있어.

체언과 함께 어떤 특정한 대상을 가리키는 지시 관형사에는
이, 그, 저 같은 말들이 있단다.

마지막으로 체언의 수량이나 순서를 나타내는 수 관형사에는
한, 두, 세, 네 등의 말들이 있지.

그런데 지금쯤 의문이 하나 생기지 않았어? 생겼다고 말해 줘!

수량이나 순서를 나타내는 말은 분명 체언 중 '수사'라고 했는데,
'수 관형사(수식언)'와 '수사(체언)'는 대체 어떻게 구분하는 걸까?

알고 나면 재미있지만, 처음에는 자칫 멘붕이 올 수도 있는 문제 하나!

> 학생 여섯이 동그랗게 앉아 밥을 먹는다.
>
> 학생 여섯 명이 동그랗게 앉아 밥을 먹는다.

첫 번째 문장과 두 번째 문장을 보자. 의미에 어떤 차이점이 느껴지니?
'명'이라는 글자가 있느냐 없느냐 말고는
완전히 같은 의미의 문장이야.

그렇다면 이제 본론으로 들어갈게. 아직도 본론이 아니었어! ☺
첫 번째 문장의 '여섯'과 두 번째 문장의 '여섯'이 보이지?

둘 중 하나는 '수사'이고, 나머지 하나는 관형사 중 '수 관형사'야.
어떤 게 '수사'이고, 어떤 게 '수 관형사'일까?
아래 설명을 읽기 전에 혼자 몇 초만이라도 고민해 보자!

관형사는 반드시 체언(명사, 대명사, 수사)의 앞!!에서 체언!!만을
꾸며준다고 이야기했던 것 기억하지?
그리고 체언(명사, 대명사, 수사)의 뒤에는 항상 조사가 붙는다고 했어.

이 말을 잘 기억하고 있다면,
첫 번째 문장의 '여섯'이 수사, 두 번째 문장의 '여섯'은 수 관형사
라는 것을 어렵지 않게 알 수 있을 거야. 진짜 안 어렵지? ☺

부사

부사(副돕다 부 詞말 사)의 '부(副)'에는 여러 가지 의미가 있지만
'부사'에서는 '돕다'라는 의미로 쓰였단다.
관형사처럼 체언만 도와주는 게 아니라,
여러 품사들이 자기 모습을 확실히 드러낼 수 있도록 도와주지. 예를 볼까? 👀

> 어머니의 음식은 아주 맛있다.
> 과연 내가 어머니의 솜씨를 따라갈 수 있을까?
> 내가 요리 연습을 아주 많이 하면 되겠지.

아주라는 부사는 '맛있다'라는 말을 꾸며주고,
과연이라는 부사는 뒤에 이어지는 문장 전체를 꾸며주지.
부사는 심지어, 같은 부사를 꾸며주기도 해.
아주라는 부사가 '많이'라는 부사를 꾸며주는 것처럼 말이야.

그리고 부사는 어떤 것을 꾸미느냐에 따라
성분 부사와 문장 부사로 나뉜단다.
'아주'와 '많이'는 특정한 성분(품사)을 꾸몄으니 성분 부사이고,
'과연'은 문장 전체를 꾸몄으니 문장 부사라고 할 수 있지.

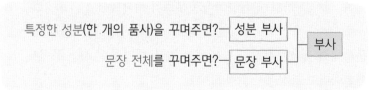

특정한 성분(한 개의 품사)을 꾸며주면? ─ 성분 부사 ┐
                                              ├ 부사
문장 전체를 꾸며주면? ─ 문장 부사 ┘

수식언 : 관형사 부사

왠지 어려운 이름으로 느껴졌던
관형사와 부사가 무엇인지도 이제 다 알았다! 집중! 집중! (◡‿◡)

관형사는 체언밖에 모르는 품사라서 항상 체언만을 꾸며 줘.

부사는 이름처럼 도와주는 것을 좋아하는 품사라서
다른 품사들을 꾸며 주고, 심지어 자신과 같은 부사를 꾸며 주기도 하지.
또 품사를 꾸미는 데 그치지 않고 문장 전체를 꾸밀 때도 있어.

무언가를 꾸미고 수식한다는 것은 두 품사가 같은데,
각각의 특성에 따라 달라지는 것들이 있네. 그치?
그래서 서로 다른 이름을 갖게 되었겠지만 말이야.

하지만 분명한 건, 관형사와 부사 두 품사 모두
무언가를 꾸미고 수식한다는 거야.

각각의 성질에 따라 꾸미는 대상이 조금 달라지는 것뿐이지.

그래서 국어학자들은 관형사와 부사의 공통점에 주목해서
이 두 품사를 묶어 수식언이라고 부르기 시작했어.

문장에서 굵직한 몸통 역할을 하는 명사, 대명사, 수사를 묶어서
체언이라고 불렀던 것처럼 말이야.
관형사와 부사를 묶어서 수식언, 괜찮은 이름이지? 설마 … 자니 (◡‿◡)??

독립언 : 감탄사

감탄사

감탄사(感 느끼다 감 歎 탄식하다 탄 詞 말 사)는 이름 그대로 감탄할 때,
그리고 무언가를 부르거나 대답을 나타낼 때 쓰는 말이야.

아, 아하, 헐, 헉, 악, 흥, 어머나, 아이코
여보게, 그래, 응, 예, 아니, 아니요
위와 같은 말들이 감탄사에 속하지. 별 뜻이 없는 말들이지? ☺

이름이 감탄사이다 보니, 뒤에 느낌표나 물음표가 붙는 것이
굉장히 자연스럽단다.

독립언 : 감탄사

위의 예에서 보듯, 감탄사는 매우 독립적인 품사야.
혼자 쓰이는 것이 자연스럽고, 문장 안에서 다른 말들과의 관련이 적어.
감탄사 하나가 쏙 빠져도 문장의 의미에 별다른 영향을 주지도 않지.

그래서 감탄사 하나만 묶어서 독립언이라고 불러. 굉장히 독립적이군! ☺

9가지 품사 중 감탄사보다 독립적인 성격을 가진 품사는 없단다.
왜 독립언이라고 이름 붙였는지는 굳이 더 설명하지 않아도 알겠지?

관계언 : 조사

조사

체언(명사, 대명사, 수사)을 공부할 때
'조사'에 대한 이야기가 나왔었는데, 기억하고 있었으면 좋겠다.

😊 기억하지?

그리고 체언의 가장 크고 중요한 특징은 뒤에 '조사'가 붙는다는 거야.
'조사'는 나중에 자세히 배울 것이지만,
미리 예습해 두자.
체언(명사, 대명사, 수사)의 뒤에는 조사가 붙는다!

조사(助돕다 조 詞말 사)의 '조(助)'는
'돕다, 보조하다'라는 의미를 지니고 있어.

앞에서 배운 부사의 '부(副)'도 무언가를 돕는다는 의미였지만
조사는 부사와는 완전히 다른 대상을 돕는단다.
조사는 체언의 뒤!에서, 문장 속의 체언이 자기 역할을 잘 할 수 있도록
체언을 보조하고 도와줘.

보조하고 도와주는 역할이라고 얕보면 안 돼. 얕보다 큰코다쳐! 😊
'사(詞)'자로 끝나는 '사(詞)'자 돌림 이름이 붙은 만큼,
엄연히 하나의 품사이자 단어로 인정받는 아이거든!

국어 문법에 큰 관심이 없었던 친구들도
어떤 것들을 가리켜 조사라고 하는지는 알고 있을 것 같아. 그치?

지금부터 아주 조금만 조사에 대한 어려운 이야기를 해보려고 해.

조사는 크게 격조사, 접속 조사, 보조사로 나뉘어. 역시 품사는 이름이 많지? 😀

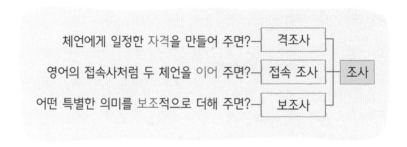

각각의 조사에 다른 색으로 표시를 해 두었어.

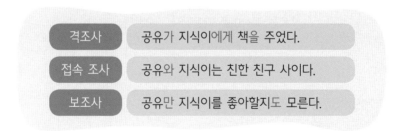

아마 접속 조사나 보조사보다 격조사를 더 생소하게 느낄 것 같아.
여섯, 문장의 짜임에서 배우게 될 내용을 약간만 먼저 이야기해 줄게.
하지 말라고 하고 싶겠지만 이미 준비되어 있다! 😑

문장은 주어, 서술어, 목적어, 부사어 등과 같은
문장 성분들로 구성되는데, 이때
조사 '이/가'는 문장 성분 중 주어의 자격을 만들어 주고
조사 '을/를'은 문장 성분 중 목적어의 자격을 만들어 주지. 요호! 😎
이와 같이 격조사는 문장 성분 각각의 자격을 만들고 확인시켜 줘.

와, 과, 랑, 하고와 같은 접속 조사는
체언과 체언의 사이에서 두 체언을 이어주고

은, 는, 만, 도, 마저와 같은 보조사는
다른 조사 대신 쓰이거나, 없어도 될 자리에서 특별한 의미를 더해 주지.
아래의 두 번째 문장에 다른 색으로 표시해 놓은 조사가 보조사인데,
첫 번째 문장과 전혀 다른 뜻이 되었지?

> 공유가 지식이를 좋아할지 모른다.
> 공유만 지식이를 좋아할지도 모른다.

관계언 : 조사

함께 공부하면서 봤듯이, 조사는 체언(명사, 대명사, 수사) 뒤에서
체언이 다른 품사들과 여러 의미로 연결될 수 있도록 돕는 역할을 해.

어찌 보면 품사와 품사 사이에서
일정한 관계를 만들어 준다고도 볼 수 있지! 그래서 관계언! 😊

용언 : 동사 형용사

동사

동사(動 움직일 동 詞 말 사)의 '동(動)'은
운동이나 동작의 '동'과 같은 한자란다.

동사는 사람이나 동물, 사물의 움직임을 나타내는 말인 것이지.

기다, 걷다, 뛰다, 달리다, 먹다, 마시다, 씹다, 삼키다, 씻다, 닦다
이렇게 작은 움직임이든 커다란 움직임이든
움직임을 나타내는 모든 말들이 다 동사야. 무지 잘 어울리는 이름이지? (◡‿◡)

형용사

형용사(形 모양 형 容 모양 용 詞 말 사)의
'형용(形容)'은 모양과 모습을 의미해.

그러니까 형용사는 사람이나 동물, 사물의
모양이나 모습을 나타내는 말이라고 할 수 있지.

예쁘다, 멋있다, 귀엽다, 단정하다, 착하다, 깨끗하다, 크다, 작다
이렇게 외적인 것이든 내적인 것이든, 어떤 것의
모양과 모습을 표현할 수 있는 모든 말들이 다 형용사란다.

용언 : 동사 형용사

동사와 형용사를 묶어서 용언(用 쓰다 용 言 말씀 언)이라고 불러
왜 둘을 묶어 용언이라 하는 걸까?

한번 잘 생각해 보렴.　　　　　　　　　　정말 용쓰는 품사구나~ (..)
용언의 '용(用)'은 쓰다, 활용하다라는 의미를 지니고 있어.

기다, 걷다, 뛰다, 달리다, 먹다, 마시다, 씹다, 삼키다, 씻다, 닦다
예쁘다, 멋있다, 귀엽다, 단정하다, 착하다, 깨끗하다, 크다, 작다

이렇게 '-다'의 형태로 끝나는 '기본형'을 가진 단어들은
다른 여러 글자가 '-다'를 대신해서 그 자리를 채울 수 있잖아.
이것을 활용이라 하는데, '먹다, 예쁘다'를 예로 설명해 볼게.

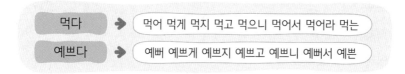

먹다 ➔ 먹어 먹게 먹지 먹고 먹으니 먹어서 먹어라 먹는

예쁘다 ➔ 예뻐 예쁘게 예쁘지 예쁘고 예쁘니 예뻐서 예쁜

와, 정말 끝도 없이 활용할 수 있을 것 같아…!

아홉 개의 품사들 중 동사와 형용사만이
기본형의 모습 말고도 다른 여러 모습으로 활용될 수 있어!
그래서 이 둘을 묶어 용언이라고 이름 지어 준 것이지.

용언의 활용

자, 그럼 본격적으로 용언(동사, 형용사)의 활용에 대해 알아보자.
'먹다'라는 동사를 가지고 설명해 볼게. 쉬우니까 천천히 읽기만 해~ ☺

'먹다'라는 동사의 활용을 보니 어떤 규칙 같은 게 보이지 않아?

앞의 먹- 은 그대로 유지되는 반면,
뒷부분은 -어, -게, -지, -고, -으니 로 바뀌었어.

용언(동사, 형용사)을 여러 모양으로 활용할 때,
먹- 처럼 바뀌지 않고 일정한 모습을 유지하고 있는 부분을 어간
-어, -게, -지, -고, -으니 처럼 '-다'가 모양을 바꾸어서
어간에 붙는 부분을 어미라고 한다.

어간(語말씀 어 幹줄기 간)의 '간(幹)'은 '줄기, 뼈대'라는 의미인데,
말의 뼈대인 어간은 기본적인 형태가 변하지 않고 유지되지.

어미(語말씀 어 尾꼬리 미)의 '미(尾)'는 '꼬리'라는 의미인데,
어미가 마치 어간의 꼬리와 같아서 붙여진 이름이야.

그러면 우리 거꾸로 생각해 보자! 자보 해강샘 로꾸거 😳
'먹겠다'라는 동사가 있어. 무슨 의미인지 모르는 친구는 없을 거야.
이 동사의 어간은 무엇이고, 어미는 무엇일까?

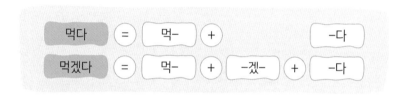

동사 먹다 는 먹- 이 어간이고, -다 가 어미야.
앞쪽에서 이미 분석을 해 보았던 것이니 모른다고 하면 안돼.

그런데 먹겠다 는 어간인 먹- 과 어미인 -다 사이에
-겠- 이라는 말이 끼어들었네?

이렇게 어간과 어미 사이에 끼어든 말을 선어말어미라고 해.
그리고 선어말어미와 구별하기 위해 어미 -다 를 어말어미라 하지.

선(先먼저 선)어말어미는 이름에서 알 수 있듯
어말어미의 바로 앞에 있는 어미란 뜻으로 붙여진 이름이야.
여기까지 잘 따라왔어! 대견해 칭찬해! 😊

동사와 형용사의 구분

동사는 사람이나 동물, 사물의 움직임을 나타내는 말이고,
형용사는 그것들의 모양이나 모습을 나타내는 말이라고 배웠어.

그러면 '자다'라는 단어를 보자. 이 단어는 동사일까, 형용사일까?
잘 때도 움직임이 있기는 하니까 동사일까,
눈을 감고 누워 있는 모습을 나타내는 것이니 형용사일까?

이렇게 그 의미만 가지고 나누기에는
동사인지 형용사인지 헷갈리는 단어들이 생각보다 많단다. 진짜루! (°◡°)

동사인지 형용사인지 구별하는 방법은 5가지 정도가 있는데,
가장 유용한 방법은 현재형 선어말어미 '-ㄴ(는)-'을 이용하는 거야.

동사는 '잔다'처럼 자연스럽게 현재형 표현이 되지만
형용사는 '예쁜다*'처럼 자연스럽게 현재형 표현이 되지 않거든.

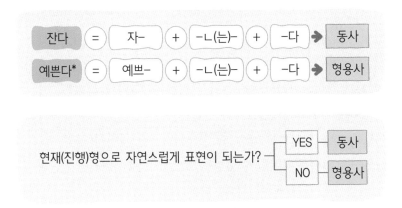

단어의 갈래

단어의 의미

이제부터는 앞에서 배운 것들을 체계적으로 정리해 볼 거야.

단어는? 품사라고 했던 것 기억하지?

그렇다면 우리가 지금까지 배웠던,

명사부터 조사, 형용사까지 9개의 품사 하나하나가 모두 단어라는 것.

이 개념이 확실히 머릿속에 들어가 있어야 해!

이제 교과서에서 좋아하는 단어의 정의를 알려 줄게. 두구 두구 두구! (◠‿◠)

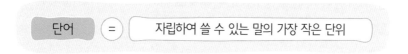

우리가 어린 시절 가지고 놀았던 낱말카드를 떠올려 보자.

역시 조사가 조금 예외적이긴 하지만,

명사부터 형용사까지 9개의 품사 모두 각각의 낱말카드에

써 놓아도 어색하지 않지? (◠‿◠)

자립하여 쓸 수 있다는 말은

낱말카드 하나를 차지할 수 있다는 말로, 그렇게 이해하면 된단다.

단어의 갈래

단어, 즉 품사의 분류를 도식으로 표현해 봤어.

'사(詞)'자 돌림 이름은 단어를 의미에 따라서 분류한 거야.
예를 들어 명사는 명사라는 이름의 의미 그대로
어떤 것들의 '이름(명칭)'을 나타내는 말이었잖아.

'언(言)'자 돌림 이름은
그 단어가 문장 속에서 하는 역할(기능)을 의미해.
예를 들어 체언은 문장에서 굵직굵직한 몸통 역할을 하고,
수식언은 어떠한 것들을 꾸미고 수식하는 역할을 하지. 기억나지? (◠‿◠)

그렇다면 도식의 맨 오른쪽 불변어 와 가변어 는 무슨 말일까?

불변어(不아니 불 變변하다 변 語말씀 어)는 그 모양이 변하지 않는 단어야.

명사, 대명사, 수사, 관형사, 부사, 감탄사, 조사
각각의 품사에 대응되는 단어를 차례대로 하나씩만 써 볼게.

이 단어들이 의미를 유지하면서 모양만 변할 수 있을까?
그렇지 않아. 모두 다 있는 그대로 고정된 모양이어야 해. 맞지? ☺

반면, 가변어(可 허락하다 가 變변하다 변 語말씀 어)는
그 모양이 변할 수 있는 단어라는 의미야.

동사, 형용사에 대응되는 단어를 차례대로 하나씩만 써 볼게.

달리다   귀엽다

이 단어들은 달리는, 달리고, 달려서, 귀여운, 귀엽고, 귀엽지 등
단어의 기본 의미를 유지하면서 다양한 형태로 모양만 바꿀 수 있어.

그러니까 불변어와 가변어는, 그 단어가 본래의 의미를 유지하면서
형태를 바꿀 수 있느냐 없느냐에 따라 분류한 것이란다.

풀어 볼 거지?

01. 우리말 9품사에 포함되지 않는 것에 ✔ 표시해 보렴!

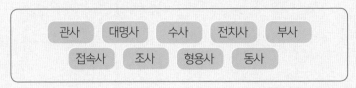

> 관사 대명사 수사 전치사 부사
>
> 접속사 조사 형용사 동사

02. 빈칸에 알맞을 단어를 써넣어서 단어 퍼즐을 완성해 보자.

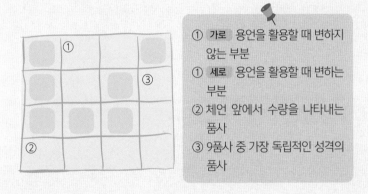

① **가로** 용언을 활용할 때 변하지 않는 부분

① **세로** 용언을 활용할 때 변하는 부분

② 체언 앞에서 수량을 나타내는 품사

③ 9품사 중 가장 독립적인 성격의 품사

03. 아래 문장에서 단어의 개수는 몇 개일까? (   )

> 지식 중학교 학생은 모두 국어를 좋아한다.

01. 관사, 전치사, 접속사   02. ① **가로** 어간 ① **세로** 어미, ② 수 관형사, ③ 감탄사
03. 8개(지식, 중학교, 학생, 은, 모두, 국어, 를, 좋아한다.)

수많은 단어들이

유래나 사용 양상과 같은 기준에 따라

어떠한 어휘 유형으로 묶이는지 공부할 거야.

다섯,
어휘의 유형

어휘

어휘

지금까지 단어, 그러니까 품사에 대해 공부했다면
이제는 단어들,
그러니까 어휘(語 말씀 어 彙 무리 휘)에 대해 공부할 거야.

품사가 기능, 형태, 의미에 따라 단어를 나누고 분류한 것이라면
어휘는 일정한 범위 안으로 단어를 끌어모은 것이지.

단어를 단순히 집합시켜 놓았다고 모두 어휘가 되진 않아.

단어는 그 단어만의 특정한 의미를 가지고 있는데,
어휘는 하나하나의 단어들 중 그 어휘가 끌어안을 수 있는 단어들을
자신의 울타리 안에 모아 놓은 것이거든.

특정한 기준을 하나 세우고,
그 기준을 통과한 단어들을 커다란 바구니에 담아 놓으면
그 바구니를 '어휘'라고 부르는 거지! 대충 모으기만 해서 되는게 아니라구! (◠‿◠)

어휘에 '휘(彙)'라는 한자어가 왜 쓰였는지 알겠지?

| 어휘 | = | 특정한 기준에 따른 단어의 무리 |

100

색채 어휘	=	빨강, 노랑, 파랑, 초록, 보라, 주황
가족 어휘	=	어머니, 아버지, 할머니, 할아버지
문법 어휘	=	자음, 모음, 음운, 음절, 형태소, 단어

이렇게 정리해 놓으니 어휘에 대한 감이 좀 더 확실하게 오지?

색채라는 기준을 세우고,

그 기준을 통과한 단어들을   색채 어휘   라는 바구니에 담았어.

가족이라는 기준을 세우고,

그 기준을 통과한 단어들을   가족 어휘   라는 바구니에 담았지.

문법 어휘도 마찬가지야.

문법이라는 기준을 통과한 단어들만   문법 어휘   바구니에 담았어.

여기서 '기준'은 고정되어 있는 것이 아니어서
어떤 것이라도 기준이 될 수 있단다.
그러니 어휘 바구니의 이름도 매우 다양해질 수 있는 것이지. (◡)

물론 사람들이 자주 사용하면
그것의 이름이 굳어져서 고정된 이름처럼 사용할 수는 있겠지?
이제부터는 이름이 굳어진 어휘 바구니에 대해 배울 거야.

유래에 따른 어휘의 유형

유래에 따른 어휘의 유형 ─────────────

사람들이 자주 많이 사용하는 데다 학문적인 의미까지 있어서
정해진 이름이 되어버린 어휘 바구니,
그러니까 어휘 기준에 대해 배워보려고 해.

첫 번째로 배울 어휘 기준은 이거야.
그 단어가 "어디에서 유래된 말인가, 어디에서 온 말인가."

우리말은 유래에 따라 유형별로 다음과 같이 구분한단다.

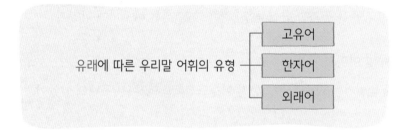

우리 민족이 아주 오래전부터 사용해 온 고유어(순우리말)
대부분 중국에서 건너와 한글과 한자로 모두 표기할 수 있는 한자어
중국 외의 다른 나라에서 들어와 이제는 우리말로 사용되는 외래어

그런데 헷갈리면 안 돼.
우리말을 유래에 따라 구분할 때의 '한자어'는 중국의 한자가 아니라
우리말로서의 '한자어'를 의미하는 거야. (｡)

고유어(순우리말)

고유어는 순우리말이라고 하기도 해.

그렇게 부르는 이유는, 한자를 비롯해서
다른 언어와 관련된 요소가 전혀 포함되어 있지 않기 때문이야.

그래서 고유어는 한글로만 표기할 수 있지.
굳이 외국의 문자로 표기를 하려면야 할 수도 있겠지만
공식적으로는 한글로 표기하는 것만 인정되는 말이란다.

이미 고유어인 줄 알고 있겠지만 몇 가지를 예로 들어 줄게.
어때? 너무 예쁜 말들이지? (◡‿◡)

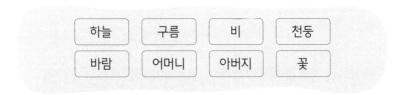

고유어는 우리 민족이 아주 오래전부터
자연스럽게 사용해 온 말이기 때문에
우리 민족 고유의 정서와 분위기가 잘 반영되어 있단다.

당연히 그럴 수밖에 없겠지?
고유어인 '김치'라는 단어 자체와 그 의미에
우리 민족 고유의 식생활 정보가 스며 있는 것처럼 말이야.

우리 민족은 중복해서 말하는 것을 싫어하고
효율적으로 표현하는 것을 좋아하기 때문에
(그래서 한국식의 빨리빨리 문화가 생겨났는지도 몰라.) 빨리빨리 8282 (◉◉)

하나의 단어가 여러 가지 의미를 내포하고 있는 경우가 많아.
예를 들어 볼까?

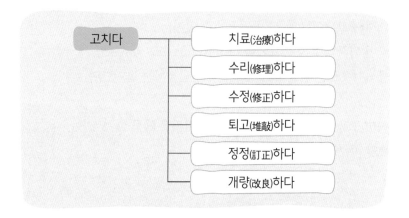

한자어로는 저렇게 세세하게 뜻이 구분되어 표현되는 말들인데,
우리 고유어로는 한 개의 단어 고치다 만 있으면 표현이 가능해.

이런 고유어의 특징을 조금 어렵게 표현하면,
고유어가 넓은 의미의 폭을 가지고 있다고 할 수 있는 거란다.
한 개의 단어가 여러 가지 의미로 해석되는 거지.

이미 알고 있는 친구들도 있을 텐데,
고치다 와 같이 두 가지 이상의 의미를 가진 단어를
다의어(多 많다 다 義 뜻다 의 語 말씀 어)라고 해. 일단 알아두기만 하자! (◡‿◡)

한자어

한글이 만들어지기 전까지 수천 년간
우리의 글자가 없었다는 것은 모두 알고 있지? 😐
그 수천 년의 시간 동안 우리 민족은 중국의 한자를 들여와 사용했어.

상상하기 힘들 정도로 오랜 기간 한자를 사용하다 보니
한글이 만들어지고 난 뒤에도 여전히 한자어를 사용하게 되었지.

우리 글자를 한글 표기로 공식적으로 통일한 뒤에도
한자어를 완전히 배제할 수는 없었어. 왜냐하면,

오랜 시간 동안 우리만의 발음으로 읽으며 생활 깊숙이 스며든
우리말로서의 한자어 어휘가 이미 굉장히 많았거든. 그럴 만 하지? 😐
이 어휘들을 다른 한글 어휘로 대체하기란 너무 어려운 일이었던 거지.

『표준국어대사전』에 등록되어 있는 표제어 중
한자어의 비율은 대략 57%라고 해.
그리고 한자어와 고유어가 결합하여 만들어진 단어까지 포함하면
80%가 넘는다고 하니, 정말 어마어마하지 않니? 😐

한자어는 중국의 글자인 한자를 사용해 만들어진 말이긴 하지만
중국의 말이 아니라 엄연한 우리의 말이야.

그리고 한자어 중에는 중국에서 들어온 말만 있는게 아니야.
일본에서 들어온 말도 있고 우리나라에서 만들어진 말도 있단다.

앞에서 보았던 도식이야.

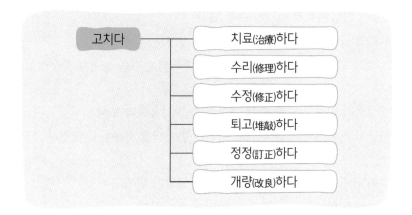

우리 고유어가 넓은 의미의 폭을 가지고 있다고 설명해 주었었지.

그런데 한자어의 입장에서는 거꾸로 이렇게 이야기할 수 있단다.
한자어는 우리 고유어보다 더 분명하고 세세한 의미를 지니고 있어.

모호하지 않고 분명하게, 그리고 자세하게 표현할 수 있다 보니
특정한 개념이나 추상적인 것을 가리키는 말로 사용되는 경우가 많아.

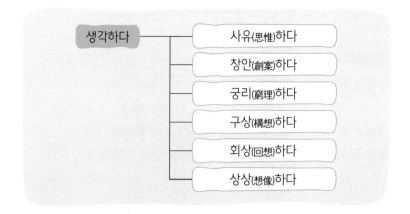

한자어는 고치다 와 같이 추상적이지 않은 개념뿐 아니라
생각하다 와 같은 추상적인 개념도 왼쪽에서 보듯
이렇게나 세분화해서 구체적으로 표현할 수 있단다. 웃! 대단한데? ☺

고유어가 더 훌륭하다거나 한자어가 더 훌륭하다거나
그런 방식으로 이등분해서 이야기하려는 게 아니야.

고유어와 한자어 모두 우리말로서 소중한 가치를 지닌 어휘이고,
각각이 지닌 매력이 다른 것이지.

또 한자어 는 높임말로 사용되는 경우가 많아.

유교 문화가 짙었던 조선에서는, 한글이 만들어진 직후
한자는 양반들이 쓰는 문자, 한글은 평민과 여자가 쓰는 문자라는
생각으로 한글을 천시했었거든. 쳇이다 쳇! ☺

그러한 영향 때문인지 높임말 중에는 한자어로 된 말들이 많단다.

집	:	댁(宅)	
이	:	치아(齒牙)	
이름	:	함자(銜字)	성함(姓銜)
나이	:	연세(年歲)	춘추(春秋)

외래어

외국에서 들어와 우리말로 쓰이는 단어들을
외래어(外바깥 외 來오다 래 語말씀 어)라고 해.
그렇다면 앞에서 배운 한자어도 외래어가 아니냐고
궁금해하는 친구들이 많을 거야.

맞아! 넓은 의미에서 생각하면 한자어도 외래어에 포함시킬 수 있어.
그런데 한자어는 이미 너무 오랜 시간을 우리말로 쓰였기 때문에
모든 귀화 절차가 완료된 완전한 우리말로 본다. 오호! 수긍이 되지? (˶‿˶)
그래서 일반적인 외래어와는 다르게 구별하는 거야.

외국에서 들어온 말을 외래어라고 하면
외국의 모든 단어들이 외래어에 포함되는 것이라고 착각하기가 쉬워.
하지만 외래어와 외국어는 분명히 다른 개념이야.

외국어 중에서도 오랜 시간 우리나라 사람들의 입에 오르내리며
우리말처럼 쓰이게 된 말을 외래어라고 해.
이렇게 우리말이 된 외래어는 『표준국어대사전』의 표제어로 오른단다.

외래어는 그 이전에는 우리나라에 없던
외국의 문화가 들어오면서 함께 들어오는 경우가 많아.
예를 들면, 커피, 컴퓨터, 아이스크림, 와플 같은 것들이지.
피자랑 치킨도! (˶‿˶)

새로운 문화와 함께 들어 온 단어들이다 보니
그 단어를 쓰지 않는 것이 오히려 더 힘들게 되었고,
자연스럽게 우리말의 어휘가 풍부해지게 되었어.

하지만 외국어를 비판 없이 수용해서 쉽게 외래어로 인정하면
아름다운 우리말은 점점 설 자리가 없어질 거야. 이건 조심해야지! (··)

그래서 외국어에게 함부로 외래어의 지위를 주지 않고,
우리 고유어로 순화한 새로운 단어를 만드는가 하면

이미 외래어로 인정된 단어들을 고유어로 순화하는 작업 또한
활발하게 이루어지고 있단다.
예를 들면, 네티즌 대신 누리꾼, 오뎅 대신 어묵,
절취선 대신 자르는 선을 순화어로 만든 것처럼 말이야.

마지막으로 대표적인 외래어 몇 가지를 정리해 줄게.

영어 계열	➡	아이스크림, 비즈니스, 버스, 케이크, 초콜릿 등
독일어 계열	➡	깁스, 알레르기, 히스테리 등
일본어 계열	➡	짬뽕, 다다미 등
프랑스어 계열	➡	바게트, 뷔페, 앙코르, 망토, 크레용 등
이탈리아어 계열	➡	아다지오, 안단테, 피자, 스파게티, 첼로 등
포르투갈어 계열	➡	카스텔라, 빵, 미라, 담배 등

사용 양상에 따른 어휘의 유형

사용 양상에 따른 어휘의 유형 ───────

지금까지 배운 첫 번째 어휘 기준은 이것이었어.

그 단어가 "어디에서 유래된 말인가, 어디에서 온 말인가."

유래에 이어서 두 번째로 배울 어휘 기준은 이것이야.

그 단어가 주로 "누구에 의해, 어떤 상황에서, 어떻게 쓰이는가."

줄여서 표현하면, 사용 양상이라고 할 수 있지! 줄이니까 편하지? (◠‿◠)

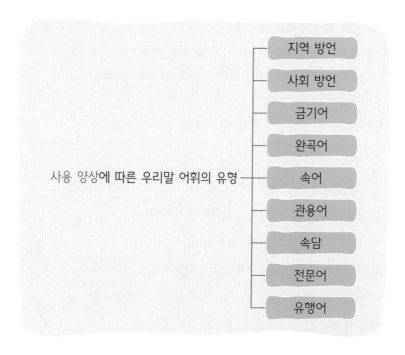

사용 양상에 따른 우리말 어휘의 유형 ─

- 지역 방언
- 사회 방언
- 금기어
- 완곡어
- 속어
- 관용어
- 속담
- 전문어
- 유행어

어휘의 유형은 사용 양상에 따라

지역 방언 과 사회 방언 , 금기어 와 완곡어 ,

은어 와 속어 , 관용어 와 속담 , 전문어 , 유행어
등으로 나누어 볼 수 있단다.

수십만 개의 단어 중에서
비슷한 사용 양상을 지닌 단어들을 한 바구니에 모아 놓고
각각의 바구니에 이름을 지어 주었다고 생각하면 돼.

예를 들어 지역 방언 은
특정한 지역의 특색을 반영하며 그 지역에서 주로 쓰이는 말이야.
그러니 지역 방언의 사용 양상은,
'특정 지역 사람들에 의해 그 지역에서 일상적으로 쓰인다.'
정도로 표현할 수 있겠지?
그러한 사용 양상의 단어 바구니 이름이 지역 방언 인 것이고!

그리고 본격적으로 공부하기에 앞서 설명해 줄 것이 있어.
보통 '방언'이라고 하면, '사투리'와 같은 말로
생각하는 친구들이 많을 텐데, 그건 틀리게 알고 있는 거야.

지역 방언이 사투리와 같은 말이지! 😎

방언 은 어떤 요인에 의해 중심 언어에서 분화된 말이란다.
지역 방언(사투리)은 그 분화의 요인이 '지리'에 있는 것일 뿐이야.

이제 사용 양상에 따라 나누어 본 각각의 어휘 유형이
어떤 특성을 지니고 있는지 살펴보자!

지역 방언과 사회 방언

앞에서 살짝 언급했는데, 사투리라고 하는 말을 들어 보았지?
강원도 사투리, 충청도 사투리, 전라도 사투리하는 것들 말이야.

이러한 사투리들을 방언 중에서도 지역 방언이라고 해.

앞쪽에서 이야기했듯, 방언은
하나의 중심 언어에서 여러 요인에 따라 분화된 하위 언어인데,
지역 방언은 여러 요인 중 지리적인 요인에 따라 분화된 하위 언어야.

잘 들어 봐 (..)
지금처럼 교통수단이나 통신수단이 발달하지 못했던 시대에는
지역 사이의 왕래가 뜸할 수밖에 없었고, 각 지역의 특색에 따라
일상적으로 사용하는 단어, 억양, 말투 등이 제각각이었단다.

아주 오랜 기간 그렇게 지내 왔기 때문에
교통수단이나 통신수단이 발달한 지금까지도
각 지역의 사투리, 즉 지역 방언이 남아 있는 것이지. 이해되지? (..)

지역 간의 왕래가 활발한 오늘날에는
지역 방언이 의사소통에 혼란을 줄 수도 있기 때문에
표준어를 중심 말로 정해 놓고 있어. 하지만
한 나라 안에 이렇게 다양한 지역 방언이 공존하고 있다는 건
정말 훌륭하고 아름다운 일이야.
하나의 언어에 어휘가 풍부한 것만큼 축복인 것은 없거든. 헤헤! (..)

그렇다면 사회 방언은 무엇일까?
사회 방언에도 '방언'이라는 이름표가 붙어 있으니
어떤 요인에 따라 중심 언어에서 분화된 하위 언어겠지?

사회 방언은 성별, 세대, 나이, 사회 집단 등
사회적인 요인에 따라 분화된 하위 언어라고 이야기할 수 있어!

지역 방언, 사회 방언 구별되지? ☺

여러 사회적인 요인 중 '세대'를 예로 들면,

중학생들이 또래끼리만 사용하는 언어는
어머니, 아버지 세대나 할머니, 할아버지 세대가 잘 알아듣지 못하셔.

그 이유는, 중학생들의 또래 언어에
모든 세대가 공통적으로 사용하는 중심 언어와는 다른
그 세대만의 특색이 반영되어 있기 때문이란다.
중학생들의 또래 언어와 같은 말들이 바로 사회 방언이야.

여러 종류의 방언은 우리말의 다양성을 보여주기 때문에 중요하지만
동시에 의사소통이 매끄럽게 이어지는 데 방해가 될 수도 있단다.
이러한 방언의 두 가지 얼굴을 잘 기억하고 있어야 해.

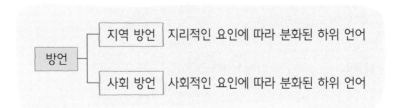

방언 ─┬─ 지역 방언 | 지리적인 요인에 따라 분화된 하위 언어
      └─ 사회 방언 | 사회적인 요인에 따라 분화된 하위 언어

금기어와 완곡어 ─────────────

금기어(禁 금하다 금 忌 꺼리다 기 語 말씀 어)와
완곡어(婉 순하다 완 曲 굽히다 곡 語 말씀 어)는
이름에서부터 어떤 의미의 어휘 유형일지 감이 잡히지?

금기어는 대부분의 사람이 입 밖으로 내는 것을 꺼리는 말이야.
주로 질병, 죽음, 신앙, 배설 등과 관련되는 경우가 많단다.

꺼릴만 하지? 😊

금기어는 우리나라뿐 아니라 외국에서도
쉽게 그 예를 찾아볼 수 있는데, '검다'는 의미의 'nigger'라는 단어는
흑인 노예를 연상시킨다는 이유로 금기어가 되었지.

또 우리가 재미있게 보았던 영화 '해리포터'에서는
아주 무시무시한 존재로 묘사되는 '볼드모트'가
절대 그 이름을 말해선 안 되는 금기어로 쓰였었지? 헉! 😮

금기어는 여러 이유에 의해 사람들이 말하기를 꺼리지만
그 단어의 의미를 꼭 사용해야만 하는 경우가 많아.
그래서 금기어를 대신할 수 있는 대체어를 사용하기 시작했는데,
그것이 바로 완곡어란다.

완곡어는 금기어를 대신해서 부드럽게 돌려 사용하는 말인 것이지.

금기어와 완곡어의 예를 나열해 보았어.

금기어		완곡어
죽다	→	돌아가다, 별세하다, 무지개다리를 건너다
변소	→	화장실, 볼일 보는 곳, 해우소(解憂所)
천연두	→	마마, 손님, 손님마마
호랑이	→	산신령, 산신, 사또, 영감

변소의 완곡어인 해우소(解풀다 해 憂근심 우 所곳 소)는 불교 용어인데
근심(憂)을 해결(解)하는 곳(所)이라는 의미란다.
진심으로 이해되는 말이지? (。_。)

또 의학이 발달한 오늘날에는 그렇지 않지만,
예전에는 천연두에 걸리면 앓다가 목숨을 잃는 일이 흔했다고 해.
천연두는 죽음과 연결되는 정말 무서운 병이었던 거지. 슬프지 않니? (。_。)
그래서 당시 사람들은 병의 이름을 입에 올리기조차 두려워했고,
자연스럽게 그것을 대신 지칭할 완곡어가 생겨났던 거야.

금기어와 완곡어를 공부할 때는 크게 어려운 내용은 없을 텐데,
이것 하나는 꼭 알아 두어야 해.

금기어와 완곡어가 **같은 대상을 가리킨다**는 것.
지금이야 당연한 말로 들리지만 다시 이 문장만 보면 갸우뚱하거든.

은어와 속어

은어(隱 숨다 은 語 말씀 어)의 '은(隱)'은 '숨다'라는 의미를 지니고 있어.

은어는 특정한 집단의 구성원들이 집단 밖의 사람들은 알지 못하도록
자기들끼리만 뜻을 숨겨서 사용하는 말이야.

당연히 비밀 유지의 기능이 있지.

지금은 너무 많이 알려져서 은어의 기능을 상실해 버렸지만,
몇 년 전에는 이런 말들이 10대들 사이에서 은어로 기능했단다.

문상	→	문화 상품권
센캐	→	센 척하는 캐릭터
열폭	→	열등감 폭발
버카충	→	버스 카드 충전

은어는 그 집단의 구성원들끼리만 사용하기 때문에
그들 사이의 동질감과 소속감 같은 집단의식을 갖게 해.

당연히 그렇겠지? (⌣)

하지만 집단 밖의 사람들은 그 단어의 의미를 알지 못하기 때문에
지나치게 많이 사용하면 다른 사람들과의 의사소통에 방해가 되고
그들에게 소외감이 느껴지게 할 수 있어.
그러니 공식적인 자리에서 사용하기는 힘들겠지?

속어(俗풍속 속 語말씀 어)는 저속하게 쓰이는 말들을 이르는 말이야.
속어를 다른 말로 비속어(卑낮다 비 俗풍속 속 語말씀 어)라 부르기도 해.

속어(비속어)의 예로 아래와 같은 말들이 있단다.

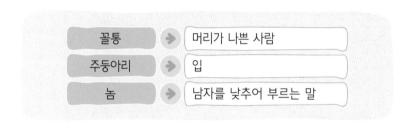

예에서 보듯, 비속어는 상대방을 낮추어 대하는 말이 대부분이야.
은어와 마찬가지로 공식적인 자리에서 사용하기 힘들다고 할 수 있지.

그런데 은어와 속어의 예를 써 놓고 보니
두 어휘 유형이 어딘지 모르게 조금 닮은 것 같지 않아?
사실 경우에 따라 은어를 속어에 속하는 개념으로 보기도 하거든.

그렇다면 은어와 속어를 구별해야 할 땐 어떻게 할까?

은어와 속어가 가장 확실하게 분리되는 기준은 바로
비밀 유지의 기능이야.

집단 밖의 사람들에게 그 말의 뜻을 비밀로 하려는 의지가 있다면
그 말이 저속한 느낌을 주어서 '속어'에 속한다 하더라도 은어야!

관용어와 속담

관용어(慣익숙하다 관 用쓰다 용 語말씀 어)의 '관(慣)'은
'익숙해지다, 버릇이 되다'라는 의미를 지니고 있어.

관용어는 익숙하게 굳어서 버릇처럼 사용하는 말이야.
습관적으로 쓰면서 사전적인 의미와는 다른
관습적인 의미를 만들어 낸 단어들의 조합이라고 할 수 있지.

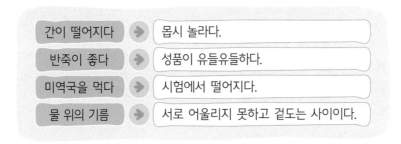

간이 떨어지다	몹시 놀라다.
반죽이 좋다	성품이 유들유들하다.
미역국을 먹다	시험에서 떨어지다.
물 위의 기름	서로 어울리지 못하고 겉도는 사이이다.

'간이 떨어지다'는 정말로 간이 떨어진 게 아니고,
'반죽이 좋다'는 말도 정말로 밀가루 반죽을 이야기하는 게 아니지.

'미역국을 먹다'는 말은 정말로 미역국을 먹었을 때도 사용하지만
관습적인 의미로 빈번하게 사용하는 말 중 하나이지. 우리가 싫어하는 그것! (◦◦)
'물 위의 기름'이라는 말도 마찬가지야.
정말로 물 위에 떠 있는 기름을 이야기할 때도 있지만
관습적인 의미로 훨씬 더 많이 쓰여.

각각의 어구들 모두 다 사전적인 의미와는 다른 관습적인 의미로 쓰이네!

속담(俗풍속 속 談말씀 담)이 무엇인지는 모두들 잘 알고 있을 거야.

공든 탑이 무너지랴 ➡	열심히 하면 반드시 좋은 결과를 얻는다.
금강산도 식후경 ➡	배가 부르고 난 뒤에야 좋은 줄 안다.
꿩 먹고 알 먹기 ➡	한 가지 일로 두 가지 이익을 본다.
좋은 약이 입에 쓰다 ➡	듣기 싫은 말이 인격 수양에는 이롭다.
천릿길도 한 걸음부터 ➡	어떠한 일이든 작은 시작부터 해야 한다.

그런데 몇 개의 속담을 써 놓고 보니
속담도 관용어처럼 사전적인 의미와는 다른
비유적이거나 관습적인 의미로 쓰이고 있어. 그렇지? ☺

돌로 쌓은 탑에 대해 이야기하는 것이 아니고,
금강산이라는 곳에 대해 이야기하는 것이 아니고,
정말로 꿩을 먹고 꿩의 알을 먹는다는 것이 아니잖아.

그렇다면 관용어와 속담,
굳이 따로 이름 지어 놓은 두 어휘 유형을 어떻게 구별할 수 있을까?

관용어와 비교할 때, 속담에는 우리 조상들의 삶의 지혜가 담겨 있어.
그러다 보니 자연스럽게 교훈적인 내용의 말들이 많지.

관용어는 속담에 비해 상대적으로 교훈적인 느낌이 좀 떨어져.

전문어

의사가 하는 말을 한번 차근차근 읽어 보자.
어때? 중간중간 아는 단어도 보이긴 하지만 외계어같이 들리지 않아?

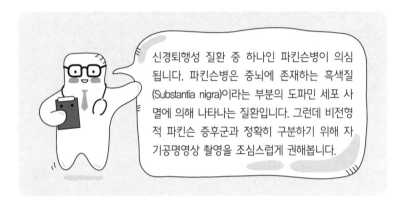

신경퇴행성 질환 중 하나인 파킨슨병이 의심됩니다. 파킨슨병은 중뇌에 존재하는 흑색질(Substantia nigra)이라는 부분의 도파민 세포 사멸에 의해 나타나는 질환입니다. 그런데 비전형적 파킨슨 증후군과 정확히 구분하기 위해 자기공명영상 촬영을 조심스럽게 권해봅니다.

전문어는 특정한 일에 종사하는 사람들이
그 일을 수행하며 사용하는 전문적인 개념을 표현하거나
혹은 그 일을 효율적으로 수행하기 위해 사용하는 말이야. 이해되지?

의학 분야, 법률 분야, 증권 분야, 정보통신 분야, 생물학 분야 등
특정 분야에서 전문적인 개념을 표현하기 위해 사용한단다.

특정 직업과 관련된 전문적인 개념을 표현하는 것이다 보니
아무래도 그 직업과 관련이 적은 사람들은 알아듣기 쉽지 않을 거야.

전문어를 사용하면서 분야 외의 사람들과 소통할 때에는
의사소통에 어려움을 줄 수 있기 때문에
전문어 사용을 자제하고 쉽게 풀어서 설명하는 것이 좋겠지.

유행어

유행어도 굳이 의미를 설명하는 게 낭비일 정도로 잘 알고 있을 거야.

유행어는 비교적 짧은 시기 동안 여러 사람의 입에 오르내리는
단어, 구절, 문장 등을 이르는 말로 아래와 같은 예를 들 수 있지.

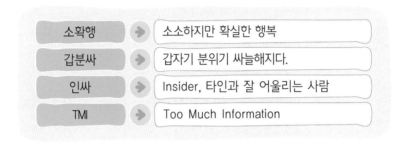

소확행	➡	소소하지만 확실한 행복
갑분싸	➡	갑자기 분위기 싸늘해지다.
인싸	➡	Insider, 타인과 잘 어울리는 사람
TMI	➡	Too Much Information

하필 그 말이 많이 사용되고 유행하는 이유는
그 말이 그 시기의 분위기를 잘 반영하기 때문이겠지?

유행어는 신선하고 재치있는 느낌을 주기 때문에
대화를 부드럽고 재미있게 만들지만, 우리가 쓰는 유행어들을 생각해 봐! (◡‿◡)

과하게 사용하면 상대에게 가벼운 느낌을 주고, 예의 없게 보이거나
의사소통에 지장을 줄 수도 있으니 적절히 사용하는 게 좋단다.

앞에서 배웠던 은어 중 일부가 유행어가 되는 경우도 있는데,
이런 경우에는 은어가 비밀 유지 기능을 상실하게 된 것이지.

풀어 볼 거지?

01. 아래는 우리말을 어떤 어휘 기준에 따라 분류한 걸까? (　　)

고유어　　외래어　　한자어

02. 어휘에 대한 문장을 읽고 맞으면 ○, 틀리면 × 에 표시하렴.

① 한자어는 하나의 단어가 여러 의미를 내포한다. 　　○　×

② 고유어는 높임말로 사용되는 경우가 많다. 　　○　×

③ 사회 방언은 지리적인 요인에 의해 분화된 말이다. 　　○　×

④ 완곡어는 금기어를 대신해서 사용할 수 있는 말이다. 　　○　×

⑤ 관용어와 속담은 모두 비유·관습적인 의미로 쓰인다. 　　○　×

03. ㉮ 자리에 들어갈, 속어와 다른 은어만의 특징은 무얼까?

(　　　　　　　)

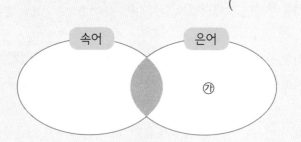

속어　　　은어

㉮

카스텔라, 카스테라 둘 중에 뭐가 표준어게??

카스테라!!! 카스테라 먹고 싶다

 뭐라고? 에휴, 카스텔라가 표준어지

카스텔라?? 치, 난 카스테라 먹을꾸야

평소 당연하게, 그리고 허술하게 넘겼던

문장의 개념을 기초부터 찬찬히 짚어볼 거야.

또 문장을 구성하고 있는 문장 성분들이

어떤 것인지 어떤 역할을 하는지에 대해 공부할 거야.

여섯,
문장의 짜임

문장

문장

문장이 뭘까?

어떤 내용이든 좋으니 문장 하나만 만들어 보라고 한다면

우리는 별 고민 없이 쓱쓱 문장 하나를 만들어 낼 거야. 그치?☺

> ❶ 나 너 우리 모두 행복??
>
> ❷ 네!

그런데 ❶과 ❷도 문장이라고 할 수 있을까?

대답하기 전에 먼저 문장이 무엇인지를 알려 줄게.

문장이 어떤 것인지 정확히 알아야

필요한 내용이 적절하게 들어가 있는 좋은 문장을 만들 수 있거든.

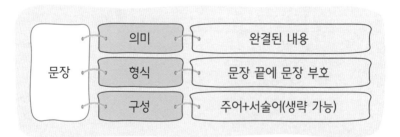

첫째로, 문장은 의미 면에서 완결된 내용을 담고 있어야 한단다.

앞쪽의 ❶은 문장의 의미 조건을 만족하지 못하고 있어.
우리 모두 행복을 어쩌자는 것인지 내용이 불분명하거든. ☺

반면 ❷는 '네(앞서 말한 무언가가 맞다.)'라는
짧지만 완결된 내용을 담고 있지?
그러니 ❷는 적어도 문장의 의미 조건은 만족하고 있는 거야.

둘째로, 형식 면에서 문장 부호가 문장의 끝에 꼭 있어야 해.
문장 부호에는 .(온점) ,(쉼표) !(느낌표) ?(물음표) 등이 있단다.

형식 면에서 볼 때는 ❶과 ❷ 모두 문장의 조건을 만족하네.

마지막으로, 구성 면에서 주어와 서술어를 포함해야 하는데,
이 조건은 반드시 그래야 하는 필수 요소는 아니고
상황에 따라 주어나 서술어가 생략되어 있어도 문장으로 볼 수 있어!

❶은 주어(나, 너, 우리)는 있지만 서술어가 없고,
❷는 주어와 서술어가 모두 없어.
❶과 ❷ 모두 문장의 구성 조건을 만족시키고 있지 않네. 아쉽… ☺

하지만 의미 조건과 형식 조건만 만족하면 문장이라고 할 수 있으니까
종합해 보면, ❶은 문장이 아니고, ❷는 문장이 맞다!

문장의 기본 구조

문장의 구조는 크게 3가지로 나누어 볼 수 있어.

어떤 문장이든 군더더기 내용을 걷어 내고

핵심 뼈대만 남기면 3가지 중 하나의 구조로 추려진단다.

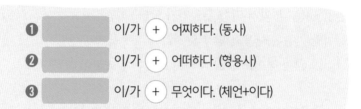

❶   이/가 + 어찌하다. (동사)

❷   이/가 + 어떠하다. (형용사)

❸   이/가 + 무엇이다. (체언+이다)

서술어 자리에 어떤 품사가 오느냐에 따라

분류한 거라고도 할 수 있어.

'어찌하다' 자리에는 '동사'만이 올 수 있고,

'어떠하다' 자리에는 '형용사'만이,

'무엇이다' 자리에는 '체언+이다'만이 올 수 있거든. 초콤 어렵지? 😊

아직 이해가 덜 되었을 수 있으니까 3가지 구조의 예를 보여 줄게.

❶ 강아지가 빠르게 달린다.

❷ 동생이 참 예쁘다.

❸ 누나는 아직 고등학생이다.

❷+❶ 내 친구는 착해서 친구들을 잘 도와준다.

128

문장의 종류

문장은 어떻게 끝맺음하는지에 따라 5가지 종류로 나눌 수 있어.

5가지 종류는 평서문, 의문문, 명령문, 청유문, 감탄문인데
이미 많이 들어 봤을 거야.

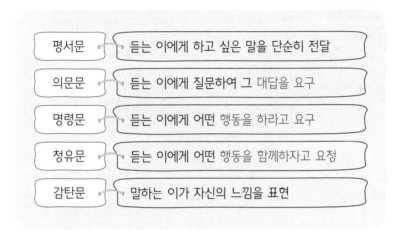

평서문	듣는 이에게 하고 싶은 말을 단순히 전달
의문문	듣는 이에게 질문하여 그 대답을 요구
명령문	듣는 이에게 어떤 행동을 하라고 요구
청유문	듣는 이에게 어떤 행동을 함께하자고 요청
감탄문	말하는 이가 자신의 느낌을 표현

천천히 읽어 보면 어려운 것이 하나도 없을 텐데,
특히 기억해야 할 부분은 강조 표시를 해 두었어.

의문문은? 대답을 요구하는 문장
명령문은? 행동을 요구하는 문장
청유문은? 행동을 함께 하자고 요청하는 문장

이 세 가지 문장에 대한 내용은 확실히 기억해야 해. (◡‿◡)

문장의 끝맺음 방법을 종결 표현이라고도 하는데
종결 표현은 문장의 맨 끝이 어떤 어미로 끝나느냐에 따라 달라진단다.

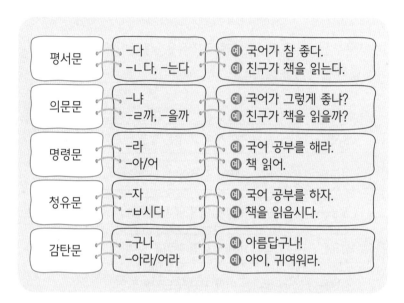

평서문	–다 –ㄴ다, –는다	예 국어가 참 좋다. 예 친구가 책을 읽는다.
의문문	–냐 –ㄹ까, –을까	예 국어가 그렇게 좋냐? 예 친구가 책을 읽을까?
명령문	–라 –아/어	예 국어 공부를 해라. 예 책 읽어.
청유문	–자 –ㅂ시다	예 국어 공부를 하자. 예 책을 읽읍시다.
감탄문	–구나 –아라/어라	예 아름답구나! 예 아이, 귀여워라.

그러니까 결국 5가지 문장의 종류 중 어떤 문장이 되느냐는
문장의 종결 어미(종결 표현)에 달린 문제인 거지!

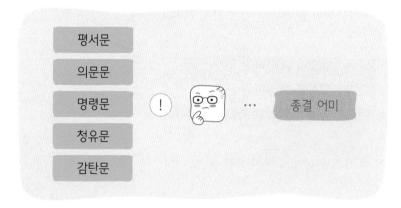

문장 성분

문장 성분

문장 성분 은 말 그대로 문장을 구성하는 성분이야.

문장을 띄어쓰기 단위로 나눠주기만 하면 된단다. 간단하지? (•‿•)

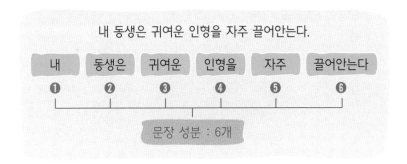

내 동생은 귀여운 인형을 자주 끌어안는다.

내	동생은	귀여운	인형을	자주	끌어안는다
❶	❷	❸	❹	❺	❻

문장 성분 : 6개

띄어쓰기 단위로 나눈 하나하나가 문장 성분 인 거야.

위에 있는 문장은 띄어쓰기 단위로 나누니 총 6개 덩어리가 나왔어.

❶부터 ❻까지의 하나하나가 모두 다 문장 성분이니까

문장 '내 동생은 귀여운 인형을 자주 끌어안는다.'는

6개의 문장 성분으로 이루어진 문장이구나. 오~ 그렇구나! (◉◡◉)

어절, 구, 절

문장 성분의 단위(띄어쓰기 단위)를 다른 말로

어절(語 말씀 어 節 마디 절)이라고 부르기도 해. 같은 말이네! (◡)

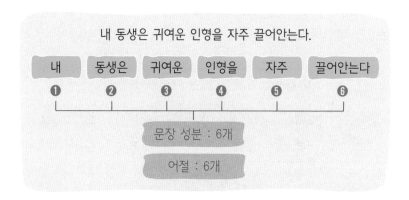

위의 문장은, 6개의 문장 성분으로 이루어졌다고 말할 수도 있지만
6개의 어절로 이루어졌다고 말할 수도 있는 거지!

(◉◉) 여기서 잠깐!

어절이 무엇인지 알았으니, 이제 구와 절에 대해 알아보자.

어절이 2개 이상 모이면
그 어절들의 묶음을 구(句 글귀 구) 혹은 절(節 마디 절)이라고 부른단다.

그렇다면 '구'와 '절'의 차이점은 뭘까?

말이 통하도록 두 어절씩 묶어 봤어.

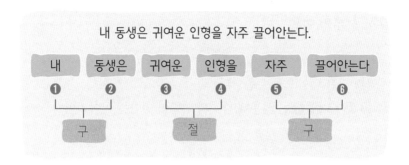

①②와 ⑤⑥ 묶음은 '구'인데 ③④ 묶음은 왜 '절'일까?

대체 차이가 뭘까?

①②와 ⑤⑥ 묶음 안에는 주어와 서술어 관계가 없지만

③④ 묶음 안에는 주어와 서술어 관계가 있다는 것이 차이지.

이해되지? 👓

③④ 묶음 안에는 '인형이(주어) 귀엽다(서술어)'는

주어와 서술어 관계가 있단다.

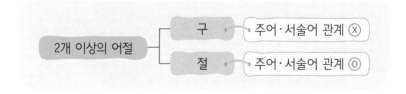

문장 성분의 이름

문장 성분의 이름

문장 성분은 어떤 역할을 하느냐에 따라
제각기 다른 이름으로 부른단다.
❶❷❸❹❺❻번 성분에 각각의 이름이 있다는 이야기야.

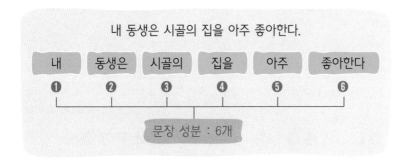

일단 문장 성분들의 이름들을 한꺼번에 모두 보여 줄게.
문장 성분의 이름은 '어'자 돌림이야.
'사'자 돌림인 품사 이름과 절대 헷갈리면 안 돼! (ㅎㅎ)

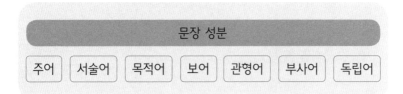

주어

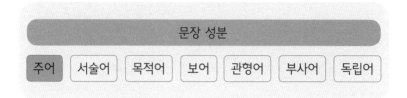

주어(主 주인 주 語 말씀 어)는 이름 그대로 주인공 역할을 하는 성분이야.

여섯, 문장의 짜임에서 배웠던 문장의 기본 구조에서

[   ]이/가 자리에 해당하는 것이 바로 주어란다!

기억하지?

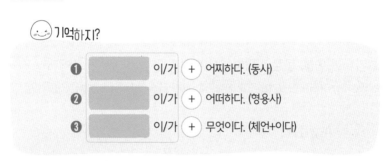

상황에 따라 '이/가' 대신

'에서, 께서'나 '은/는, 도, 만' 같은 보조사가 붙기도 해.

하지만! 어떤 조사가 붙든, 그 조사 대신

'이/가'를 넣었을 때 뜻이 어느 정도 통한단다. 그래서

'이/가'를 주어의 자격을 만들어 주는 조사, **주격 조사**라고 하지.

앞에서 한 번 이야기 했는데... 어디게?

서술어

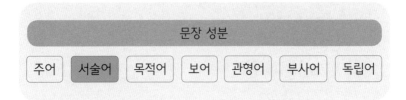

서술어(敍펴다 서 述펴다 술 語말씀 어)는 주어에 대해 설명하는 성분이야.

주어가 무엇을 하고 있는지(어찌하다), 혹은

어떤 상태인지(어떠하다), 혹은

무엇인지(무엇이다), 주어에 대한 맞춤 설명을 해 주는 것이지!

그러니까 **여섯. 문장의 짜임**에서 배웠던 문장의 기본 구조에서

어찌하다/어떠하다/무엇이다 자리에 해당하는 것이 바로 서술어란다!

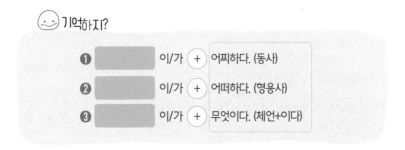

❸번 구조에서 체언 뒤에 붙는 '이다'는 생소하겠지만 조사!인데,

서술어의 자격을 만들어 주기 때문에 서술격 조사라고 해.

목적어

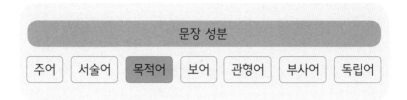

목적어(目눈 목 的과녁 적 語말씀 어)는
서술어가 주어에 대해 설명할 때 필요해질 수 있는 성분이야.

문장의 기본 구조 중 ❶번 구조에서
주어가 어찌하고 있는지 설명할 때, 필요해질 수 있는 것이지.

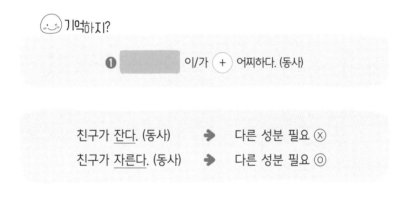

예를 보며 설명해 줄게.
'친구가 잔다.'는 문장은 지금 상태 그대로 의미 전달이 충분해.

어디에서 얼마나 잤는지는 꼭 필요하진 않아! ☺
그 내용이 없어도 주어가 잔다는 동작을 설명하는 데 무리가 없어.

반면, '친구가 자른다.'는 문장은
주어의 동작을 설명하기 위해 반드시 다른 성분이 필요하단다.
대체 무엇을 자르는지 말이야.

바로 이 '무엇을/를'에 해당하는 것이 목적어야. 영어에서도 많이 했었지? (◡‿◡)

목적어 자리에는 기본적으로 조사 '을/를'이 오는데,
'을/를'은 상황에 따라 생략할 수도, 다른 조사로 바꿀 수도 있어.

친구가 종이를 자른다.　➤　친구가 종이 자른다.
　　　　　　　　　　　　　➤　친구가 종이도 자른다.

하지만! 조사 자리가 비어 있든
혹은 어떤 다른 조사가 붙어 있든, 그 조사 대신
'을/를'을 넣었을 때 뜻이 어느 정도 통한단다. 주격 조사도 그랬었지? (◡‿◡)

그래서 '을/를'을 목적어의 자격을 만들어 주는 조사,
목적격 조사라고 하는 거야.

'을/를'이 붙는 순간, 혹은 붙을 수 있는 순간
그 어절은 꼼짝없이 목적어라는 이름을 갖게 되는 거지!

보어

문장 성분						
주어	서술어	목적어	보어	관형어	부사어	독립어

보어(補도울 보 語말씀 어)는

이름 그대로 도와주는 성분이야. 그런데 아무나 도와주는 것은 아니고
서술어 자리에 오는 '되다'와 '아니다' 딱 이 두 단어만 도와준단다.

나는 '무엇이/가' 되었는지, '무엇이/가' 아닌지
'무엇이/가'에 해당하는 내용이 반드시 있어야겠지?

나는 되었다. ➡	다른 성분 필요 ◎ ➡	나는 중학생이 되었다.
나는 아니다. ➡	다른 성분 필요 ◎ ➡	나는 선생님이 아니다.

바로 이 무엇이/가 자리에 해당하는 것이 보어란다.
'중학생이'와 '선생님이'가 보어의 역할을 하고 있는 것이지.

주격 조사 '이/가'와 똑같은 '이/가'가 붙지만
'되다, 아니다'를 도와줄 때 보어 자리에 오는 '이/가'는
보어의 자격을 만들어 주어서 보격 조사라고 불러.

되다/아니다 잘 기억해! (◡‿◡)

관형어

문장 성분						
주어	서술어	목적어	보어	**관형어**	부사어	독립어

관형어(冠 갓 관 形 모양 형 語 말씀 어)는

품사에서 배웠던 관형사와 돌림자어만 빼고 이름이 같지?

이름이 같은 이유는 하는 역할도 같아서야.

☺ 기억하지?

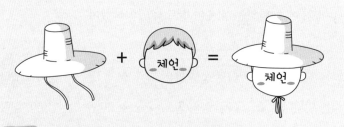

관형사는 체언의 모자가 되어서 체언을 꾸며준단다.

그런데 정말 잘 기억해야 해.

오직 체언에게만!! 모자가 되어준다는 것.

그리고 모자를 머리 위에 쓰는 것처럼,

관형사도 체언의 앞!!에서만 체언을 꾸며준다는 것.

관형사와 마찬가지로 관형어도 오직 체언에게만!!

오직 체언 앞!!에서만 체언의 모자가 되어서 체언을 꾸며준단다.

즉, 문장 안에서 모든 관형사는 관형어로 기능해.

관형사말고도 관형어 역할을 하는 것들이 더 있는데 아래를 보렴.

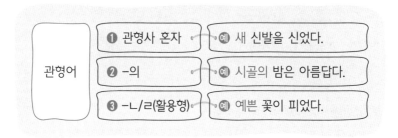

예 문장에서 다른 색으로 표시한 어절 부분이 관형어야.

관형어 ❶을 보자. 관형사인 '새' 혼자서 외롭겠다... 😥
뒤에 있는 체언인 '신발'을 꾸며주고 있어.

관형어 ❷는 조사 '-의'가 붙어서
뒤에 있는 체언인 '밤'을 꾸며주고 있는데,
여기서 조사 '의'를 관형어의 자격을 만들어 주는 조사
관형격 조사라고 부른단다.

관형어 ❸은 용언이 활용되어서 받침 ㄴ/ㄹ으로 끝나게 된 말이
뒤에 있는 체언인 '꽃'을 꾸며주고 있어.

모두 다 앞에서 본 관형어의 특징에서 벗어나지 않고 있지?

부사어

문장 성분
주어	서술어	목적어	보어	관형어	**부사어**	독립어

부사어(副돕다 부 詞말 사 語말씀 어)도
품사에서 배웠던 부사와 이름이 같지? 관형어도 그랬는데! 그치? (ᵕ‿ᵕ)
이름이 같은 이유는 하는 역할도 같아서라고 이야기했었어.

부사와 마찬가지로 부사어도 여러 가지 역할을 한단다.

주로는 서술어를 수식하지만

그 외에 같은 부사어를 수식하기도 하고,
문장 전체를 수식하거나 문장과 문장을 연결하기도 하지.

어떤 때에는 아래 문장처럼 관형어를 꾸며주기도 해. 부사어는 만능! (◉◡◉)

이 책에는 정말 멋진 내용이 있어.

아주 예외적인 몇몇 경우가 있긴 하지만,
일단 이렇게 생각을 정리하는 게 받아들이기 수월할 거야.

관형어가 체언만을 수식한다면,
부사어는 체언 외의 성분을 모두 수식한다. 쉽지? (◡‿◡)

모든 관형사가 관형어로 기능하는 것처럼
모든 부사도 부사어로 기능해.
그런데 부사어에도 부사 말고 또 다른 형태들이 있어.

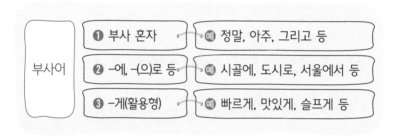

부사어 ❶을 보자. 부사가 온전히 부사어로 기능하는 것들이야.

부사어 ❷는 -에, -에서, -으로, -부터, -까지 등 매우 많은 종류의
부사격 조사가 붙어서 부사어로 기능하는 것들이지.
(부사격 조사는 종류가 너무 다양해서 굳이 외우지 않는 게 좋아.)

부사어 ❸은 용언이 '-게' 형태로 활용되어서
부사어 역할을 하고 있어. 이제 와서 용언을 모르면 안 되는데! (◡‿◡) 89쪽!

독립어

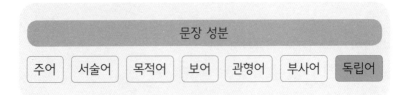

문장 성분						
주어	서술어	목적어	보어	관형어	부사어	독립어

독립어(獨 홀로 독 立 서다 립 語 말씀 어)는 이름 그대로 정말 독립적이야.
분명히 다른 성분들과 함께 문장을 구성하고 있지만
직접적으로 연결되어 있지는 않아. 독립어는 독립적이거든! 😑

다른 성분을 수식하는 것도 아니고,
꼭 있어야 할 필수 성분도 아니기 때문에 생략이 가능하지!

예 문장에서 다른 색으로 표시한 어절 부분이 독립어야.

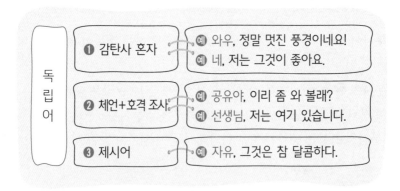

독립어는 대체로 ❶ ❷ ❸의 3가지 형태로 이루어진단다.
그리고 희한하게 독립어 끝엔 자꾸만 쉼표가 따라다녀. 쉼표 따라쟁이 😶

독립어 **❷**를 보자.

무언가/누군가를 부를 때 붙는 '-아/야'와 같은 조사를

호격(呼 부를 호 格 격식 격) 조사라고 하는데,

상황에 따라 조사가 생략 가능한 건 이제 익숙하지?

호격 조사도 마찬가지! (◡)

와, 이제 문장 성분의 종류 하나하나에 대해서 모두 다 공부했어.

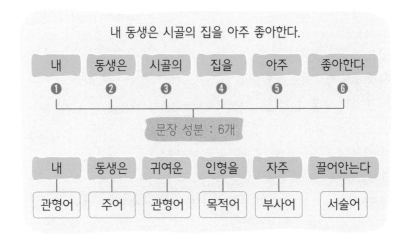

혹시 위의 문장을 기억해?

문장 성분 6개의 이름을 드디어 찾아 줄 수 있게 됐어.

왜 **❶**부터 **❻**까지의 문장 성분이 위와 같은 이름을 가져야 하는지
잘 이해되지 않는 부분이 있다면
앞으로 돌아가서 꼼꼼하게 설명을 다시 읽어 보자. 홧팅! (•‿•)

문장 성분의 묶음

문장 성분						
주어	서술어	목적어	보어	관형어	부사어	독립어
주성분				부속 성분		독립 성분

일곱 개의 문장 성분들은
문장에서 필수적으로 있어야 하는지, 그렇지 않은지에 따라
세 종류로 묶을 수 있단다. 주성분! 부속 성분! 독립 성분! (◡‿◡)

주성분은 문장의 큰 뼈대를 세우는 필수적인 성분!
부속 성분은 주성분을 수식하는 성분!
독립 성분은 다른 성분들과 직접적인 연관이 없는 독립적인 성분!

주성분 중 언제나 꼭 있어야 할 주어, 서술어와 달리
목적어와 보어는 서술어에 따라 있을 때도 없을 때도 있어.
하지만 특정 서술어가 등장하면 반드시! 있어야만 해.

부속 성분은 주성분을 수식하며 내용을 더 자세하게 만들어 주지. 또
(예외적인 몇몇 경우가 있긴 하지만) 문장에서 빼내도 문장이 유지돼.

독립 성분은 말하지 않아도 이미 알고 있지? 매우 독립적인 그 아이 (◡‿◡)
자유로운 영혼이라 생략해도 문장에 아무 영향을 주지 않아.

풀어 볼 거지?

01. 문장의 종류와 그것에 대한 설명을 올바르게 연결시켜 보렴.

의문문	ㄱ	ㅏ 행동을 함께 하자고 요청하는 문장
청유문	ㄴ	ㅜ 듣는 이에게 행동을 요구하는 문장
명령문	ㄷ	ㅓ 듣는 이에게 대답을 요구하는 문장

02. 빈칸에 알맞을 단어를 써넣어서 단어 퍼즐을 완성해 보자.

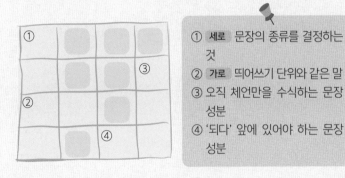

① **세로** 문장의 종류를 결정하는 것

② **가로** 띄어쓰기 단위와 같은 말

③ 오직 체언만을 수식하는 문장 성분

④ '되다' 앞에 있어야 하는 문장 성분

03. 아래 문장의 문장 성분은 몇 개일까? (　　)

> 엄마, 제가 동생에게 저의 책을 빌려주었어요.

문장의 기본 개념을 익혔으니,

이제는 문장이 결합하고 확대되는 방식에 대해

공부해 볼 거야.

일곱,
문장의 확대

문장의 확대

홑문장과 겹문장

문장 성분 중 문장의 뼈대를 이루는 필수 성분을
주성분이라고 했던 것 기억하지? 설마... 까먹... 😶

그리고 주성분에는 주어, 서술어, 목적어, 보어가 있었어.

목적어와 보어는 특정한 서술어를 만날 때만
선택적으로 필요해지지만
(어쨌든 꼭 필요해지는 상황이 있기는 한 것이니 주성분이야!)

주어와 서술어는 어느 경우든 반드시 있어야 해.

주어와 서술어가 함께 짝을 이루는 것으로 보아도 되는데,

주어와 서술어 짝꿍이 1개 있으면, 홑문장
주어와 서술어 짝꿍이 2개 이상 있으면, 겹문장이라고 한단다.

❶ 나는 국어를 공부하고 잤다.

❷ 나는 동생의 방에서 국어를 재미있게 공부했다.

위의 두 문장 중 어떤 문장이 홑문장이고, 어떤 문장이 겹문장일까?
아무래도 길이가 긴 ❷번 문장이 겹문장일까?

홑문장과 겹문장을 결정하는 데 길이는 전혀 상관이 없어.
오로지 주어와 서술어 짝꿍이 몇 개 있느냐, 그것이 문제이지. (..)

❶ 나는 국어를 공부하고 잤다.
　　주　　　　　　서　　서

❷ 나는 동생의 방에서 국어를 재미있게 공부했다.
　　주　　　　　　　　　　　　　　　　서

❶번 문장은 주어와 서술어 짝꿍이 2개이니까 겹문장
❷번 문장은 주어와 서술어 짝꿍이 1개이니까 홑문장!!

한국어 원어민의 본능으로 알고 있겠지만,
같은 주어가 두 번 겹치거나, 말하지 않아도 충분히 알 수 있을 때는
주어의 생략이 가능하단다. (..)
❶번 문장에서는 서술어 '잤다' 앞에 주어 '나는'이 생략되었어.

그렇다면 주어와 서술어 짝꿍이 몇 개인지 개수를 셀 땐
일일이 짝을 찾는 것보다 서술어의 개수를 세는 게 쉽고 빠르겠다.

문장의 확대

앞에서 본 ❶번 문장을 자세히 쪼개서 보자.

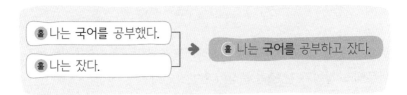

'나는 국어를 공부하고 잤다.'는 겹문장은
'나는 국어를 공부했다.'는 홑문장과 '나는 잤다.'는 홑문장이
합해져서 만들어진 문장이야.

이렇게 홑문장이 2개, 3개, 혹은 그 이상 모여서
겹문장으로 몸집이 커지는 것을 가리켜 문장의 확대라고 한단다.

홑문장 + 홑문장 = 겹문장! 😎

2개 이상의 홑문장이 모여서 겹문장으로 문장을 확대할 때
홑문장들은 서로 여러 가지 모양으로 결합한단다.

안은 문장   이어진 문장

지금부터는 그 **결합의 모양**에 대해 설명해 주려고 해. 집중하자! (◡‿◡)

❶ 안은 문장 ➡ 한 홑문장이 다른 홑문장을 커다랗게 안은 모양

❷ 이어진 문장 ➡ 홑문장들끼리 나란히 어깨동무하는 모양

홑문장들은 크게 ❶과 ❷ 두 가지 모양으로 결합한단다.
다시 말하면,
겹문장을 크게 ❶과 ❷ 두 가지 모양으로 볼 수 있는 것이지!

❶번 설명처럼 1개의 커다란 홑문장이
1개, 혹은 2개, 어쩌면 3개 이상의 홑문장을 끌어안기도 하고,

❷번 설명처럼 2개, 혹은 3개 이상의 홑문장들이 어깨동무하듯
가지런하게 옆으로 결합해서 하나의 긴 문장을 만들기도 해.

안은 문장과 이어진 문장의 예를 보며 좀더 자세히 설명해 줄게.

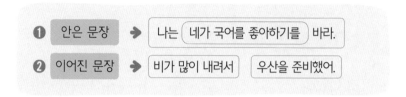

❶ 문장은 | 나는 바라. | 라는 홑문장이

| 네가 국어를 좋아한다. | 는 홑문장을 커다랗게 안고 있어. 따뜻한 아이 😊

| 네가 국어를 좋아한다. | 문장의 입장에서는 안기게 된 셈이지.

예쁜 모양으로 매끄럽게 안기기 위해

서술어 '좋아한다'를 '좋아하기'로 바꾸었고 말이야.

(여기서 '-다' 대신 들어온 '-기'와 같은 말들을 어미라고 한단다.)

그런데 잠깐만, 여기서 짚고 넘어가야 할 것이 있어. 아래를 보시오! 👀

서술어의 모양이 바뀐 | 네가 국어를 좋아하기(를) | 은

주어(네가)와 서술어(좋아한다)가 있지만 문장은 아니야.

왜냐하면 문장 부호가 없으니까! 그렇다면 뭐라고 불러야 할까?

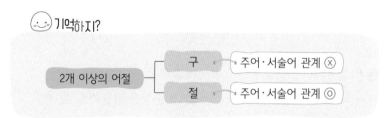

2개 이상의 어절이 모였는데 문장은 아니라고 했어. 이해되지? (¨)
주어와 서술어의 짝꿍은 있으니, 그렇다면 절일 수밖에 없겠네.

정리해 보면, ❶ 문장에서 나는 바라. 라는 홑문장은
네가 국어를 좋아하기(를) 이라는 절을 안고 있는 거야.

그리고 앞으로 공부하며 알게 되겠지만
안은 문장에서 커다란 홑문장은 항상
(홑문장의 서술어가 모양을 바꾼) 절을 안고 있는 거란다.
홑문장을 안고 있다고 이야기해도 틀린 표현은 아니지만
절을 안고 있다고 이야기하는 게 더 정확한 표현이야.
                          정확하게 알아두는 게 좋잖아! (¨)

이어서 ❷ 문장을 보자. 비가 많이 내리다. 는 홑문장과
(나는) 우산을 준비했다. 는 홑문장이 어깨동무하듯 나란히 이어져 있어.

나란히 이어질 때에도 예쁜 모양으로 매끄럽게 이어지기 위해
앞에 위치한 비가 많이 내리다. 문장의 서술어 내리다 가
내려서 로 그 모양을 바꾸었어.

(여기서도 '-다' 대신 들어온 '-어서'와 같은 말들을 어미라고 해.)

홑문장이 안기거나, 다른 문장과 옆으로 이어질 때에는
전달하려는 의미에 따라 서술어의 모양이 다양하게 바뀐단다.

홑문장과 겹문장의 표현 효과

본격적으로 겹문장에 대해 공부하기 전에
쉬엄쉬엄 정리하면서 알아 두어야 할 것이 있어.

봐야 할 게 더 남아 있다니!
놀랍지? 👀

홑문장과 겹문장이 어떤 것인지는 이제 알았으니

우리가 실제로 홑문장이나 겹문장을 사용할 때
그 표현 효과에 어떤 차이점이 있는지를 알고 있으면 좋을 것 같아.

그 차이점을 알면,

특히 우리 생각을 정확하게 전달해야 하거나
상대방의 기억에 잘 남도록 신경 써서 전달해야 할 때

각각의 상황이나 의도에 따라 어떤 문장을 사용하면 더 효과적인지
고민하고 선택할 수 있으니 말이야.

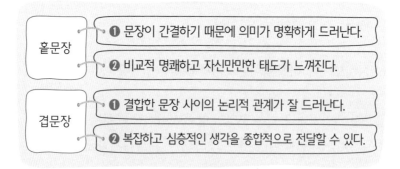

홑문장
❶ 문장이 간결하기 때문에 의미가 명확하게 드러난다.
❷ 비교적 명쾌하고 자신만만한 태도가 느껴진다.

겹문장
❶ 결합한 문장 사이의 논리적 관계가 잘 드러난다.
❷ 복잡하고 심층적인 생각을 종합적으로 전달할 수 있다.

겹문장 : 안은 문장

안은 문장

홑문장이 결합해서 겹문장으로 문장의 확대가 이루어지고,
겹문장은 홑문장이 결합한 방식에 따라
안은 문장과 이어진 문장으로 나누어 볼 수 있어.

먼저 안은 문장에 대해 좀 더 자세히 알려 줄 거야. 잘 읽어봐! (◡‿◡)

안은 문장은 안겨 있는 절(문장)이 어떤 역할을 하느냐에 따라
아래와 같이 5개의 이름을 붙였단다.

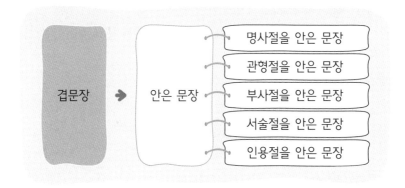

명사절을 안은 문장

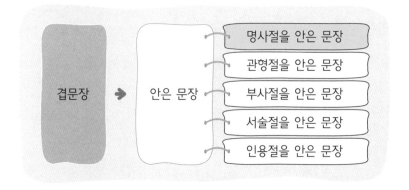

명사절을 안은 문장은
안겨 있는 절이 명사처럼 기능해서 붙여진 이름이야.

명사는 문장에서 주어, 목적어, 보어의 역할을 한단다.

그런데 여기서 중심을 잘 잡아야 해. 조심하자! (••)
명사는 '사'자 돌림 이름을 사용하는 품사 중 하나이고
주어, 목적어, 보어는 '어'자 돌림 이름을 사용하는 문장 성분이야.

생각나는 대로 명사를 떠올려 보고,
문장 안에서의 주어와 목적어, 보어를 떠올리면서
자, 다시 이 문장을 천천히 천천히 이해해 보렴.

명사는 문장에서 주어, 목적어, 보어의 역할을 한단다.
그리고 명사절도 명사처럼 문장에서 주어, 목적어, 보어의 역할을 해.
명사와 달리 명사절은 부사어 역할까지도 하지. 대단하지? (••)

떠올리기 쉽지 않았을 테니 예를 들어 줄게!

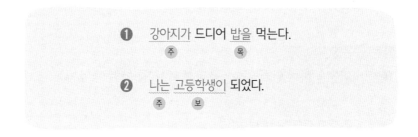

❶ 강아지가 드디어 밥을 먹는다.
　주　　　　　　　목

❷ 나는 고등학생이 되었다.
　주　　　보

❶ 문장에서, 명사 '강아지'가 조사 '가'와 함께 주어 역할,
명사 '밥'은 조사 '을'과 함께 목적어 역할을 하고 있어.

('어'자 돌림인 문장 성분은 띄어쓰기 단위로 나눈다고 했었지?)

❷ 문장에서는, 명사 '나'가 조사 '는'과 함께 주어 역할,
명사 '고등학생'은 조사 '이'와 함께 보어 역할을 하고 있고! 재밌지? (•‿•)

아래는 각각 주어, 목적어, 보어, 부사어 역할을 하는
명사절이 안겨 있는 문장들이야.

❶ 그의 말이 맞았음이 증명되었다. 　　　[　]: 주

❷ 우리는 국어 공부하기를 좋아한다. 　　[　]: 목

❸ (엄마의 심부름은) 마트 들르기가 아니다. 　[　]: 보

❹ 지금은 잠을 자기에 이르다. 　　　　[　]: 부

❶은 홑문장 '그의 말이 맞았다.'가
주어 역할을 하며 안겨 있어. (주격 조사 '이'가 붙어 있어.)

❷는 홑문장 '국어(를) 공부하다.'가
목적어 역할을 하며 안겨 있고, (목적격 조사 '를'이 붙어 있어.)

❸은 홑문장 '마트(를) 들르다.'가
보어 역할을 하며 안겨 있지. (보격 조사 '가'가 붙어 있어.)

❹는 홑문장 '잠을 자다.'가
부사어 역할을 하며 안겨 있다. (부사격 조사 '에'가 붙어 있어.)

앞으로 우리가 치르게 될 시험에는 주로,
안겨 있는 절이 무슨 절인지 알아야 해결하기 편한 문제가 출제돼.

명사절을 알아보는 쉬운 방법은 명사절 어미 표지판을 찾는 거야!

명사절의 어미 표지판은 -ㅁ, -기란다.
홑문장일 때 -다로 끝났던 서술어의 어미 모양이
절로 바뀌면서 -ㅁ, -기 모양으로 변했다면 그것은 바로 명사절!이지.

관형절을 안은 문장

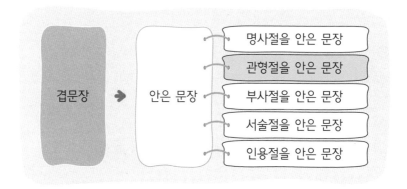

관형절을 안은 문장은

안겨 있는 절이 관형어처럼 기능해서 붙여진 이름이야.

관형어와 마찬가지로 관형절도 오직 체언에게만!!

오직 체언 앞!!에서만 체언의 모자가 되어서 체언을 꾸며준단다.

이쯤 되면 외우겠다. 그치! (•‿•)

아래는 관형절을 안은 문장들이야.

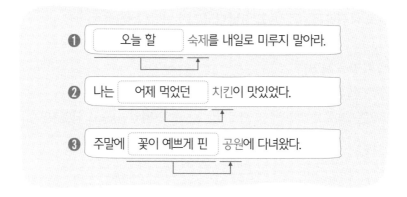

❶은 홑문장 '(너는) 오늘 (숙제를) 하다.'가
관형절이 되어서 뒤에 있는 체언 '숙제'를 꾸며 주고 있어.

❷는 홑문장 '(나는) 어제 (치킨을) 먹었다.'가 우리가 제일 자주 하는 말! (˘◡˘)
관형절이 되어서 뒤에 있는 체언 '치킨'을 꾸며 주고 있고,

❸은 홑문장 '꽃이 예쁘게 피다.'가
관형절이 되어서 뒤에 있는 체언 '공원'을 꾸며 주고 있지.

관형절을 알아보는 쉬운 방법 역시 관형절 어미 표지판을 찾는 거야!

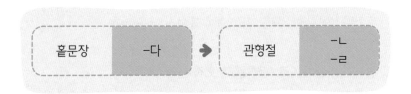

관형절의 어미 표지판은 -ㄴ, -ㄹ 이란다. 표지판 알면 무지 편해! (˘◡˘)
홑문장일 때 -다로 끝났던 서술어의 어미 모양이
절로 바뀌면서 -ㄴ, -ㄹ로 끝난다면 그것이 바로 관형절!이야.

❷ 문장을 보면,
홑문장일 때 -다로 끝났던 서술어의 어미 모양(먹었다)이
안기는 절로 바뀌면서 -ㄴ으로 끝나는 모양(먹었던)으로 되었지?

부사절을 안은 문장

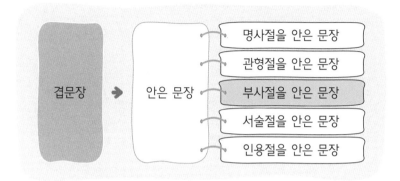

부사절을 안은 문장도 마찬가지야.
안겨 있는 절이 부사어처럼 기능해서 붙여진 이름이란다.

부사어와 마찬가지로 부사절도 주로 서술어를 수식하긴 하지만
같은 부사어, 혹은 문장 전체, 심지어 관형어를 수식하거나
문장과 문장을 연결하기도 한단다. 영어에선 접속사라고 하더라고! 👓

부사, 부사어, 부사절은 하는 역할이 모두 같은 것이지.

☺️ 기억하지?

아주 예외적인 몇몇 경우가 있긴 하지만,
일단 이렇게 생각을 정리하는 게 받아들이기 수월할 거야.

관형어가 체언만을 수식한다면,
부사어는 체언 외의 성분을 모두 수식한다.

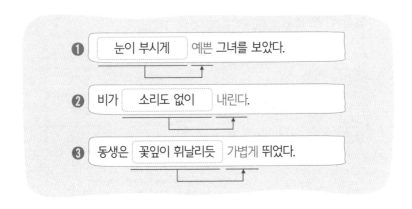

위의 문장들을 보자. ❶은 홑문장 '눈이 부시다.'가
부사절이 되어서 뒤에 있는 관형어(관형절) '예쁜'을 꾸며 주고 있어.

❷는 홑문장 '소리도 없다.'가
부사절이 되어서 뒤에 있는 서술어 '내린다'를 꾸며 주고 있고,

❸은 홑문장 '꽃잎이 휘날리다.'가
부사절이 되어서 뒤에 있는 부사어 '가볍게'를 꾸며 주고 있지. 휴! ☺

어때? 부사절(부사어)은 정말 만능이지?

경우에 따라 관형절(관형어)와 부사절(부사어)를
구분해야 할 상황이 닥치면, 찾기 쉬운 관형절(관형어)을 먼저 찾은 뒤에

나머지는 부사절(부사어)!!로 생각하는 것이 편하기도 해.

이제는 부사절을 가장 쉽게 알아볼 수 있는
부사절 어미 표지판을 알려 줄게.

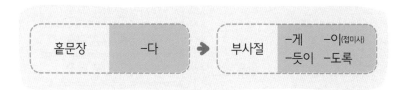

부사절의 어미 표지판에는
-게, -도록, -듯이, -이(접미사) 등이 있어.
홑문장일 때 -다로 끝났던 서술어의 어미 모양이
절로 바뀌면서 -게, -도록, -듯이, -이(접미사) 등으로 끝난다면
그것이 바로 부사절!이야.

앞에서 예로 든 문장들을 보며 정말로 그런지 대입해 보렴.

다른 절들의 어미 표지판은 2개 정도만 잘 알아도 되는데
부사절의 어미 표지판은 종류가 너무 많기 때문에
외우는 것을 추천하지는 않아. 너희들 힘든 거 다 알아. (◞‸◟)

앞장에서 이야기했듯,
찾기 쉬운 명사절이나 관형절(관형어)을 먼저 찾은 뒤에
나머지는 부사절(부사어)!!로 생각하는 것이 편하지. 정말로 그래. (◡‿◡)

서술절을 안은 문장

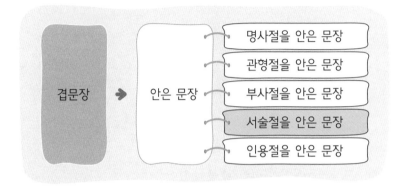

서술절을 안은 문장은 어떤 의미인지 이제는 말하지 않아도 알겠지?
안겨 있는 절이 서술어처럼 기능해서 붙여진 이름이야.

서술어가 주어에 대해 설명하는 역할을 하는 것처럼
서술절도 마찬가지란다.

😊기억하지?

> 그러니까 **여섯, 문장의 짜임**에서 배웠던 문장의 기본 구조에서
> 어찌하다/어떠하다/무엇이다 자리에 해당하는 것이 바로 서술어란다!

서술절은 다른 절들과 달리 표지판이 따로 없어. 걱정마! 다 방법이 있어! 😑

그렇지만 서술절을 알아볼 수 있는 또 다른 방법이 있지.
서술절이 안겨 있는 문장의 예를 몇 개 보여 준 뒤에
서술절을 알아보는 방법도 함께 설명해 줄게.

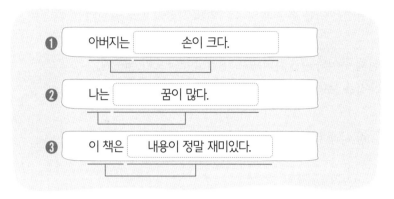

위의 문장들을 봐봐. ❶은 홑문장 '손이 크다.'가
문장 전체의 주어인 '아버지는'과 짝꿍이 되어서
문장 전체의 서술어 역할을 하고 있어.

❷는 홑문장 '꿈이 많다.'가 문장 전체의 주어 '나는'과 짝꿍이 되어서
문장 전체의 서술어 역할을 하고 있고,

❸은 홑문장 '내용이 정말 재미있다.'가
문장 전체의 주어인 '이 책은'과 짝꿍이 되어서
문장 전체의 서술어 역할을 하고 있단다. 맞지? ☺

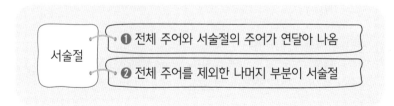

서술절은 다른 절들과 달리 어미 표지판이 따로 없지만

전체 주어와 서술절의 주어가 연달아 나오기 때문에,
문장을 보면 마치 주어가 두 개 있는 것처럼 보인단다.

그럼 아래 문장을 보자. 주어가 두 개 연달아 있는 것처럼 보이네.

(⊙.⊙)여기서 잠깐!

> 삼촌은 의사가 되었다.

홑문장 '의사가 되었다.'가 서술절로 안겨 있는 것일까?

아니, 아니요! 조심해야 해!
서술어 '되다, 아니다'의 앞에 오는 성분은 보어라고 누누이 말했잖아!

(⊙.⊙)여기서 잠깐!

> 삼촌은 <u>의사가</u> <u>되었다</u>.
> (주) (보) (서)

(◡‿◡)기억하지?

> 보어(補도울 보 語말씀 어)는
> 이름 그대로 도와주는 성분이야. 그런데 아무나 도와주는 것은 아니고
> 서술어 자리에 오는 '되다'와 '아니다' 딱 이 두 단어만 도와 준다.

인용절을 안은 문장

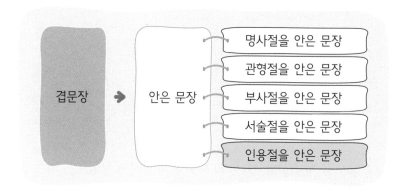

인용절을 안은 문장은 이름만 봐도 감이 오지?
인용한 문장이 전체 문장 안에 안긴 문장으로 들어간 것이지.

인용절은 크게 직접 인용절과 간접 인용절로 나누어.
직접 인용절은 인용 문장을 그대로 가져오는 것이라서
큰(작은) 따옴표를 사용하고, 조사 '라고'를 붙여 표현한단다.

간접 인용절은 인용 문장을 전체 문장 안에
매끄럽게 연결시키는 것이라서 어떻게 매끄러운지는 뒷장에서 봐! (◡‿◡)
따옴표 없이 해당 내용 뒤에 조사 '고'를 붙이면 돼.

예로 보여 줄 문장 몇 개를 만들어 봤어.

❶ 나는 겨울이 왔다고 생각했다.   ▢ : 간접

❷ 동생은 내게 "나 먼저 갈게."라고 말했다.   ▢ : 직접

❸ 나는 깜짝 놀라서 "그게 아니야!"라고 말했다.   ▢ : 직접

❶은 홑문장 '겨울이 왔다.'가 전체 문장 안에 들어가 있네.
간접 인용절이니까 따옴표 없이 뒤에 조사 '고'를 붙였어. 그치? 👀

❶을 보며 한 가지 생각해 볼 점은,
인용하는 문장이 꼭 다른 사람의 말이어야 하는 건 아니라는 거야.
내가 한 말, 내 생각도 충분히 인용절로 표현할 수 있단다!

❷는 홑문장 '나 먼저 갈게.'가 전체 문장 안에 들어가 있어.
실제로 말한 내용이라서 큰 따옴표를 사용했고,
직접 인용절이니까 뒤에 조사 '라고'를 붙였지. 하나도 안 어렵네! ☺

❸은 홑문장 '그게 아니야.'가 전체 문장 안에 들어가 있다.
실제로 말한 내용이라서 역시 큰 따옴표를 사용했고,
직접 인용절답게 조사 '라고'를 붙였네.

겹문장 : 이어진 문장

이어진 문장

홑문장이 결합해서 겹문장으로 문장의 확대가 이루어지고,
겹문장은 홑문장이 결합한 방식에 따라
안은 문장과 이어진 문장으로 나누어 볼 수 있다고 했어.

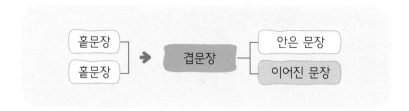

이제는 이어진 문장에 대해 좀 더 자세히 알려 줄 거야. 헤헤! ☺

이어진 문장에는 두 종류가 있는데,
나란히 결합한 홑문장들 사이의 의미 관계가 어떠하냐에 따라
대등하게 이어진 문장, 종속적으로 이어진 문장 이렇게 분류해.

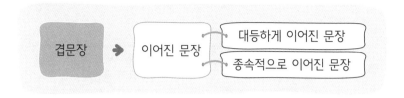

대등하게 이어진 문장

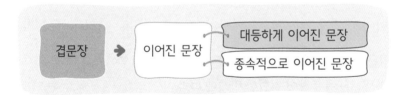

대등하게 이어진 문장은
나란히 이어져 있는 홑문장들 사이의 의미 관계가
이름 그대로 대등하단다.
그래서 앞 뒤 홑문장의 연결 순서를 바꾸어도 의미에 별 차이가 없어.

그 홑문장들 사이의 의미 관계에 굳이 이름 붙여 이야기하자면
나열, 대조, 선택의 의미 관계라고 표현해. 어렵다고 겁먹지마. 곧 쉬워져! (•‿•)

그리고 홑문장과 홑문장이 이어질 때
각각의 의미 관계에 따라 사용하는 연결 어미가 달라지는데,

어려운 말 같지만 예를 보면 쉽게 이해될 거야.

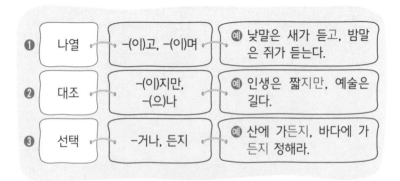

❶은 홑문장 '낮말은 새가 듣는다.'와
'밤말은 쥐가 듣는다.'가 대등하게 이어져 있어.

❷는 홑문장 '인생은 짧다.'와 '예술은 길다.'가 대등하게 이어져 있고,

❸은 홑문장 '산에 가다.'와 '바다에 가다.'가 대등하게 이어져 있지.

대등하게 이어진 문장은
앞 절과 뒤 절의 구조가 대칭되는 경우가 많고,
서술어가 같은 경우에는 앞 절의 서술어를 생략할 수도 있어.

예를 들어, 홑문장 '나는 집으로 간다.'와 '너는 학원으로 간다.'는
앞 문장의 '간다'를 생략하고
'나는 집으로, 너는 학원으로 간다.'로 결합할 수 있는 것이지.

그리고 무엇보다 중요한, 대등하게 이어진 문장의 특징은
앞 절과 뒤 절의 순서를 바꾸어도 의미에 별다른 변화가 없다는 거야.

❶을 '밤말은 쥐가 듣고, 낮말은 새가 듣는다.'로 바꾸고
❷를 '예술은 길지만, 인생은 짧다.'로 바꾸고
❸은 '바다에 가든지, 산에 가든지 정해라.'로 바꾸어도

의미상 별다른 변화가 없지?
직접 다른 문장을 만들어서 바꿔봐도 좋겠다! 😊

종속적으로 이어진 문장

겹문장 → 이어진 문장 ┬ 대등하게 이어진 문장
              └ 종속적으로 이어진 문장

종속적으로 이어진 문장은 이어져 있는 홑문장들 사이의 의미 관계가
독립적이지 않고, 이름 그대로 종속적이란다.

종속적이라는 건, 이어져 있는
홑문장들끼리 서로 영향을 받는다는 의미지.

그렇게 서로 영향을 받는 의미 관계에 굳이 이름 붙여 이야기하면
원인, 조건, 목적(의도)의 의미 관계라고 표현해. 원인, 조건, 목적! 👀

이 외에 상황(배경), 양보와 같은 의미 관계도 있지만
일단은 먼저 이야기한 세 가지의 의미 관계만 확실히 알아 두자.

종속적으로 이어진 문장 역시
각각의 의미 관계에 따라 사용되는 연결 어미가 달라지는데,
이것 역시 예를 보면 쉽게 이해될 거야. 겁먹지 않아도 돼! 😌

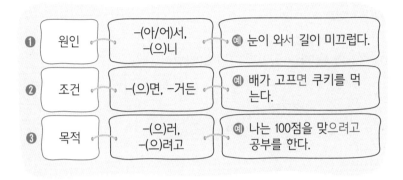

❶은 홑문장 '눈이 오다.'와 '길이 미끄럽다.'가
종속적으로 이어져 있어. 앞 절이 뒤 절의 **원인**이 되어서 말이야.
(이어지면서 문장이 아닌 '절'이 된 것도 간과하지 말자.)

❷는 홑문장 '배가 고프다.'와 '쿠키를 먹는다.'가
앞 절이 뒤 절의 **조건**이 되어서 종속적으로 이어져 있어.

❸은 홑문장 '나는 100점을 맞다.'와 '공부를 한다.'가
종속적으로 이어져 있는데,
의미 관계를 보니 앞 절이 뒤 절의 **목적**이 되었네. 그렇지? (◡‿◡)

그런데 정말 쉽게, 최대한 간략하게 큰 틀에서 생각하면
앞 절과 뒤 절의 의미 관계를 모두 다 원인과 결과로 볼 수도 있어.

참, 가장 중요한 것 하나! (◉◡◉)
대등하게 이어진 문장과 달리, 종속적으로 이어진 문장은
앞 절과 뒤 절의 순서를 바꾸면 의미가 달라지거나 말이 안된단다.

풀어 볼 거지?

01. ㉮와 ㉯ 자리에 알맞은 말을 써넣어 보렴.

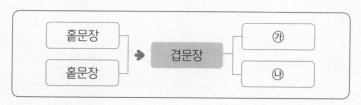

02. 2개 이상의 홑문장이 결합해 겹문장이 되는 것을 무엇이라고 했었지?

(ㅁ ㅈ ㅇ ⬚ ⬚)

03. 아래 문장을 보고, 안겨 있는 절의 이름을 빈칸에 써 보렴.

① 비가 소리도 없이 내린다.　　　　　　　　⬚⬚ 절
② 우리는 국어 공부하기를 좋아한다.　　　　⬚⬚ 절
③ 나는 어제 먹었던 치킨이 맛있었다.　　　　⬚⬚ 절
④ 나는 겨울이 왔다고 생각했다.　　　　　　⬚⬚ 절
⑤ 이 책은 내용이 정말 재미있다.　　　　　　⬚⬚ 절

03. ① : 부사, ② : 명사, ③ : 관형, ④ : 인용, ⑤ : 서술

01. ㉮ : 이어진 문장 ㉯ : 안은 문장(㉯ 속에 또 다른 문장이 들어가 있는 문장)　02. 문장의 확대

176

나 이제 문장 완전 잘 알아! 나한테 다 물어봐!

'나 완전 공부하기 싫다.'
이거 홑문장이게 겹문장이게??

저거? ...... 그냥 홑문장이잖아!
(휴, 하마터면 틀릴 뻔했다)

완전 잘 안다며 ㅋㅋㅋㅋㅋㅋㅋㅋ
'공부하다'에서 '-다'가 '-기'로 바뀌었잖아
그럼 명사절이 안겨 있는 거니까 겹문장이지!

생소할 수 있는 담화의 개념을 이해하고,

담화를 구성하는 요소들과

좋은 담화를 만드는 방법에 대해 공부할 거야.

여덟,
담화

담화

담화

이제부터 공부하게 될 개념은 담화(談 이야기 담 話 이야기 화)야.
쉽게 말해 담화는 이야기를 주고받는 것이지.

혹시 평소 친구들과 대화를 매끄럽게 이어가지 못해서
고민인 친구가 있다면 담화 개념을 열심히 공부해 보자.
적어도 무엇이 문제였는지 알 수 있을지 몰라. 홧팅! (¨)

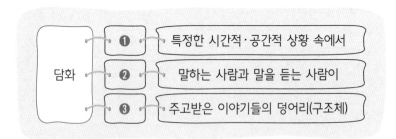

담화
❶ 특정한 시간적·공간적 상황 속에서
❷ 말하는 사람과 말을 듣는 사람이
❸ 주고받은 이야기들의 덩어리(구조체)

문법의 테두리 안에서 담화의 개념을 간단히 이야기하면
두 사람(혹은 그 이상의 사람)이 주고받은
이야기들의 덩어리 구조체라고 할 수 있단다. 무슨 말인가 싶지? 👀

그 이야기들의 덩어리 구조체 속에
말하는 사람과 말 듣는 사람은 물론 이야기들이 오가고 있는
특정한 시간적·공간적 상황까지도 모두 포함되어 있어야만

그 전체의 구조체를 비로소 담화라는 개념으로 부를 수 있어.

그런데 특정한 시간적·공간적 상황 속에서 대화하는 사람들이
서로 아무 관련도 없는 내용들을 마구잡이로
뜬구름 잡듯 이야기한다면, 그것은 담화라는 구조체로 보지 않아.

담화라는 이름을 붙이려면, 적어도
이야기들이 하나의 주제를 중심으로 연결되어 있어야 한단다!

담화의 구성 요소

담화라고 하면 보통 음성을 통해 이루어지는 것을 의미하지만,
개념의 테두리를 넓게 확장해서
문자를 통해 이루어지는 것을 담화의 개념 안에 넣기도 한단다.

여기에서는 음성을 통해 이루어지는 담화를 중심으로 설명할 거야.

그러면 담화라는 하나의 개념 구조체가
어떤 요소들로 채워져 있는지 알아보자.

사실 이 내용은 이미 앞쪽에서 모두 다 배웠다고 할 수도 있는 건데,
다시 한번 정리할 필요가 있어!
아래에서 보듯 반드시 알아 둬야만 하는 개념 단어가 있거든. 잘 봐둬! :)

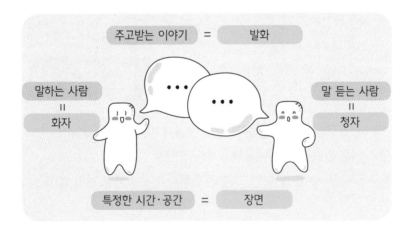

담화라는 이야기들의 덩어리 구조체 속에는

말하는 사람❶과 말 듣는 사람❷은 물론
이야기들❸이 오가고 있는 특정한 시간적·공간적 상황❹까지도
모두 포함되어 있어야만 한다고 했지?

이 네 가지가 바로 담화를 구성하는 요소들이란다!
그런데 이것들이 어떤 개념 단어로 불리고 있는지를 알아야 해.

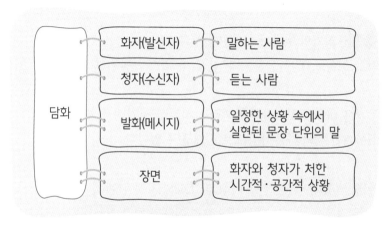

담화	화자(발신자)	말하는 사람
	청자(수신자)	듣는 사람
	발화(메시지)	일정한 상황 속에서 실현된 문장 단위의 말
	장면	화자와 청자가 처한 시간적·공간적 상황

말하는 사람을 화자(話이야기 화 者사람 자, 발신자)
듣는 사람을 청자(聽들을 청 者사람 자, 수신자)라고 해.

그런데 대부분의 담화는
한 문장씩만 주고받고 이야기를 끝내는 것이 아니기 때문에
화자와 청자는 특정한 사람에게 고정되어 있는 것이 아니란다.
화자였던 사람이 바로 얼마 뒤에는 청자가 될 수 있지. 그치! 맞지? (⌣)

발화(發드러낼 발 話이야기 화, 메시지)는
글에서의 문장과 같은 개념이라고 볼 수 있어.
글에 '문장'이 있다면, 담화에는 '발화(메시지)'가 있는 것이지.

그러니까 발화는, 담화의 장면에서 화자와 청자 사이에 오가는 말이야.

담화를 가리켜 발화의 연속체라고도 하는데,
발화가 무엇인지 아니까 '발화의 연속체'라는 표현이 어렵지 않지?

장면은 화자와 청자가 이야기를 주고받는
딱 그 상황의 시간적·공간적 배경을 의미해. 딱~ 그때의! (◡)

똑같은 내용으로 시작한 담화라도 시간적·공간적 배경에 따라
이야기가 전혀 다른 내용으로 전개될 수 있단다.

"아침 먹었어?"라는 말을 아침에 할 때와 자기 전에 할 때,
그 두 경우를 비교해서 상상해 보면 이해가 될 거야.

이렇듯 우리가 담화의 구조체 속에서 누군가와 이야기를 나눌 때
상대방 발화의 의미를 정확히 이해하기 위해서는 '장면'에 대한 고려가
반드시 필요하단다. 그렇지 않으면 완전 갑분싸! (◡)

이러한 '장면'에 대한 고려를 맥락(脈줄기 맥 絡둘러싸다 락)이라고 하지.
이제 맥락에 대한 이야기를 해 줄게!

담화의 맥락

맥락

먼저 기역이와 니은이가 나누고 있는 대화 내용을 읽어 보자!

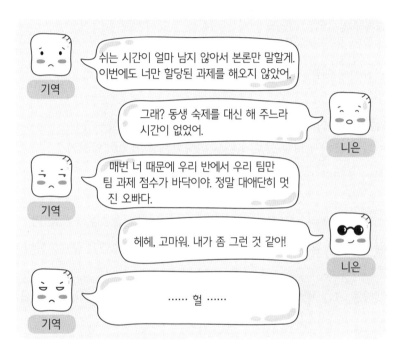

기역: 쉬는 시간이 얼마 남지 않아서 본론만 말할게. 이번에도 너만 할당된 과제를 해오지 않았어.

니은: 그래? 동생 숙제를 대신 해 주느라 시간이 없었어.

기역: 매번 너 때문에 우리 반에서 우리 팀만 팀 과제 점수가 바닥이야. 정말 대애단히 멋진 오빠다.

니은: 헤헤, 고마워. 내가 좀 그런 것 같아!

기역: ······ 헐 ······

대화 내용 웃기지? (◡‿◡) 아님 말고~

화자와 청자는 기역이와 니은이,
발화(메시지)는 기역이와 니은이가 이야기하는 말풍선 하나하나,
장면은 학교에서 쉬는 시간, 니은이가 팀 과제를 해 오지 않은 것을
기역이가 추궁하는 상황이야.

자, 이제 본격적으로 맥락에 대한 이야기를 해 볼 거야. 긴장할 것 없어! ☺

니은이의 맨 마지막 말에 초점을 맞추어 보자.
니은이는 자신을 가리켜 '대애단히 멋진 오빠'라고 말한
기역이의 의도를 제대로 파악하지 못하고,
상황에 맞지 않은 대답을 해서 기역이를 황당하게 만들었어.

니은이가 맥락을 제대로 파악하지 못한 것이라고 할 수 있지.

(물론 니은이가 왜 동생의 숙제를 대신 해 줘야만 했는지
사정을 들어 보지도 않고 비꼬듯 이야기한 기역이의 말하기에
전혀 문제가 없는 것은 아니야.)

이렇게 맥락을 제대로 파악하는 것은 발화의 의미를 정확히 이해하고
나아가 전체 담화의 의미를 올바르게 해석하는 데 있어 매우 중요하단다.

맥락은 크게 상황 맥락과 사회·문화적 맥락으로 나누어 볼 수 있어.

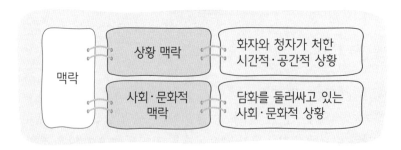

상황 맥락

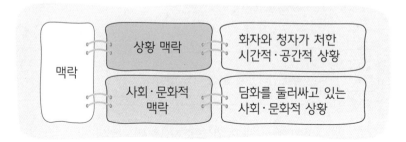

상황 맥락을 간단히 설명하면 화자와 청자가 이야기를 나누고 있는
시간적·공간적 상황이라고 할 수 있지만,

시간적·공간적 상황 외에도
이야기를 나누는 목적, 화자와 청자의 태도 등 여러 가지 요소들에 의해
상황 맥락은 결정된단다.

또 상황 맥락은
하나의 담화 구조체 안에서도 시시각각 변할 수 있어. 이게 무슨 말이냐면?! ☺

예를 들어, 언니와 동생이 장난감 하나를 두고 말다툼을 하는
하나의 담화 구조체에서
무섭게 화를 내던 언니의 '태도'가 조금 부드러워진다면
동생의 '태도'와 발화도 지금까지와는 다른 방향으로 흐르겠지?

당연히 상황 맥락은 화해 분위기로 전환될 수 있는 것이지.

또 한 가지! 동일한 화자와 청자가 동일한 발화를 주고받더라도
상황 맥락이 달라지면 발화의 의미 역시 달라진단다. 미음이를 보자. ☺

발화는 "엄마, 언니 언제 들어온다고 했어요?"로 동일하지만
각각의 상황 맥락에 따라 충분히 다른 의미로 받아들여지겠지?

하나만 더 할게! 진짜로 하나만이야! 😊
상황 맥락에 따라 화자의 발화에 대한 청자의 응답도 달라져.
물론 청자가 상황 맥락을 바르게 파악했을 때의 이야기지만 말이야.

상황 맥락을 제대로 파악하지 못한다면 대화가 산으로 갈거야.
상황 맥락을 바르게 파악한 미음이와 엄마의 대화를 보자.

미음: 엄마, 언니 언제 들어온다고 했어요?

상황 맥락 : 언니가 간식으로 치킨을 사오기로 함

엄마: 30분 정도 걸린다고 했어.
배고파도 조금만 기다리렴.

상황 맥락 : 빌린 언니의 옷을 망가뜨림

엄마: 그러게, 조심했어야지.
이리 가져와 봐. 엄마가 좀 볼게.

상황 맥락 : 언니에게 빌려준 신발을 받아야 함

엄마: 글쎄, 언니 좀 늦을 것 같아.
다른 신발 신으면 안 되니?

사회·문화적 맥락

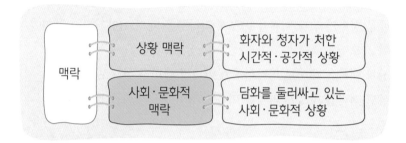

사회·문화적 맥락 역시 정말 간단히 설명하면 담화를 둘러싸고 있는
사회·문화적 상황이라고 설명할 수 있지만,

사회·문화적 맥락을 결정짓는 요소들 역시 한두 가지가 아니란다.
이를테면 성별, 지역, 세대, 문화, 역사, 이념, 가치 등
정말 많은 요소들이 있지.

성별이 달라서, 소속된 지역 공동체가 달라서 세대가 달라서,
이념이나 가치가 달라서, 대화하는 상대방의 발화를
제대로 이해하지 못한 경험이 모두 몇 번씩은 있지? (◡‿◡)

바로 사회·문화적 맥락을 올바르게 파악하지 못했기 때문이지.

담화에 따라서
사회·문화적 요소들 중 하나만이 담화에 영향을 미치는 경우도 있지만,
여러 요소들이 복합적으로 담화에 영향을 미치기도 한단다.

대표적인 경우가 바로 우리나라와 서구 문화권 간의
사회·문화적 맥락 차이인데, 시옷이와 이응이의 대화를 보자!

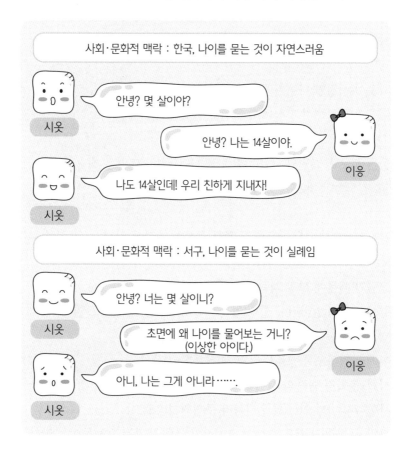

두 사람의 대화를 보니 좀 더 이해가 잘 되지? 아니라고? OMG! 😵

사회·문화적 맥락이 달라서, 맥락의 차이를 미리 파악하지 못해서
시옷이가 조금 난처한 상황에 처하게 된 것 같아.

자칫 시옷이가 일방적으로 잘못했다고 생각하기 쉬운데
상대적으로 생각해 보면, 이응이도
시옷이가 형성한 발화의 사회·문화적 맥락을 고려하지 못한 채
자기 식대로만 의미를 파악한 것으로 이해할 수 있단다.

시옷이는 정말 나이가 궁금해서라기보다는
이응이와 친해지고 싶어서 나이를 물었을 테니 말이야.

맞아! 그랬을텐데! (◕.◕)

물론 서구 문화권의 사회·문화적 맥락을 고려하지 않은 채
발화를 형성한 것은 시옷이의 실수가 맞긴 하지.

짐작하겠지만 사회·문화적 맥락은 상황 맥락에 비해
오랜 시간에 걸쳐 만들어진단.
그렇기 때문에 상황 맥락처럼 시시각각 변하지 않고,
항상 담화의 밑바닥에 깔려 있는 아주 기본적인 바탕이라고 할 수 있어!

이해가 편하도록 우리나라와 서구 문화권 간의
사회·문화적 맥락의 차이를 예로 들어 이야기했지만,
사실 우리나라 안에서 우리나라 구성원끼리도
사회·문화적 맥락을 충분히 고려하지 못해 생기는 오해들이 많단다.

에긍.... (◕.◕)

우리끼리라도 그런 오해가 생기지 않도록
여러 종류의 맥락들을 충분히 고려해서 이야기하도록 하자!

풀어 볼 거지?

01. 다음 중에서 담화의 구성 요소에 속하는 것에만 ✓ 표시해 보자.

> 화자   메시지   음성   관객
>
> 장면   청자   중재자

02. 담화에 대한 문장을 읽고 맞으면 ○, 틀리면 ×에 표시하렴.

① 발화의 내용은 하나의 주제를 중심으로 연결된다.   ○ ×

② 문자를 이용한 발화는 담화의 개념으로 보지 않는다.   ○ ×

③ 화자와 청자는 예외 없이 고정되어 있다.   ○ ×

④ 상황 맥락은 하나의 담화 안에서는 변하지 않는다.   ○ ×

⑤ 사회·문화적 맥락의 요소에는 지역, 세대 등이 있다.   ○ ×

자주 헷갈리는 한글 관련 개념들을

깔끔하게 정리하고, 한글의 창제 정신과 함께

한글의 창제 원리에 대해 알아볼 거야.

아홉,
한글의 원리

한글

훈민정음과 한글

훈민정음과 한글이 무엇인지 모르는 친구들은 없을 것 같아. 그치? ☺
혹시 훈민정음이 유네스코 세계기록유산으로
지정되었다는 말을 들어본 적이 있니?

우리 글자인 훈민정음(한글)이 로마자와 한자를 제치고
유네스코 세계기록유산으로 지정되었다는 이야기일까?

일상생활에서 혼동하기 쉬운 개념에 대해 차근차근 정리해 보자.

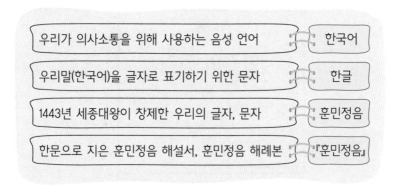

우리가 의사소통을 위해 사용하는 음성 언어	한국어
우리말(한국어)을 글자로 표기하기 위한 문자	한글
1443년 세종대왕이 창제한 우리의 글자, 문자	훈민정음
한문으로 지은 훈민정음 해설서, 훈민정음 해례본	『훈민정음』

훈민정음(한글)이 그 유래를 찾아볼 수 없을 만큼 훌륭하긴 하지만,
유네스코 세계기록유산으로 지정된 것은
문자로서의 훈민정음(한글)이 아니라
『훈민정음 해례본』이라고도 부르는 책, 『훈민정음』이란다.

이쯤 되면 또 다른 궁금증이 생기지?

문자로서의 훈민정음과 한글은 똑같은 의미의 말일까?
미리 답을 하자면, "네… 아니요."

우리글, 우리 문자인 한글은
만들어진 순간부터 지금까지 여러 이름으로 불렸단다. 아래와 같이 말야!

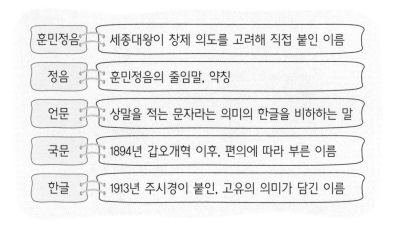

훈민정음	세종대왕이 창제 의도를 고려해 직접 붙인 이름
정음	훈민정음의 줄임말, 약칭
언문	상말을 적는 문자라는 의미의 한글을 비하하는 말
국문	1894년 갑오개혁 이후, 편의에 따라 부른 이름
한글	1913년 주시경이 붙인, 고유의 의미가 담긴 이름

문자로서의 훈민정음과 한글은 동의어로 사용하더라도
크게 무리가 없긴 하지만, 깊게 보면 완벽하게 일치하는 말은 아니야.

문자로서의 훈민정음은 세종대왕이 창제한 28자의 글자를 의미하지만
주시경 선생님이 처음 쓰기 시작한 '한글'이라는 명칭에는

글 중에 가장 큰 글, 글 중에 오직 하나인 글,
글 중에 가장 바른 글, 온 겨레가 한결같이 쓴 글, 결함 없이 원만한 글
이라는 의미가 담겨 있단다. 멋지다!

한글 창제의 정신

이름에 대해 알았으니 이제 본격적으로 한글에 담겨 있는 정신,
그리고 한글이 만들어진 원리에 대해 알아볼 거야.

그런데 그 전에 많은 사람들이 헷갈리는
훈민정음 관련 서적에 대해 이야기해 보려고 해.

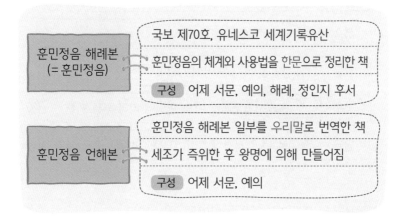

책으로서의 『훈민정음』을 아예 모르는 사람들도 많지만,
안다 하더라도 해례본과 언해본의 차이를 헷갈리는 경우가 많단다.
우리는 이번 기회에 훈민정음 관련 서적에 대해 확실히 알아 두자!

한글에 담겨 있는 정신은 『훈민정음 해례본(훈민정음)』의
앞부분에 있는 「어제 서문」에서 찾아볼 수 있어.
어제(御 다스릴 어 製 지을 제) 서문(序 차례 서 文 글 문)은
세종대왕이 직접 지은 글인데,
어떤 의도에서 훈민정음을 창제한 것인지 잘 드러나 있단다.

「어제 서문」은 『훈민정음 언해본』에 우리말로 번역되어 있어.
그 내용을 한번 읽어 보고 어떤 정신을 엿볼 수 있는지 살펴보자.

『훈민정음 언해본』의 「어제 서문」

나라말이 중국과 달라 문자(한자)와 서로 통하지
않아서, 어리석은 백성이 말하고자 하는 바가 있어도
마침내 제 뜻을 펴지 못하는 사람이 많다. 내가 이를
불쌍히 여겨 새로 스물여덟 자를 만드니 사람마다
쉽게 익혀 날로 씀에 편하게 하고자 할 따름이다.

출처 : 문화재청

❶ 나라말이 중국과 달라 문자와 서로 통하지 않아서 ➡ 자주정신

❷ 내가 이를 불쌍히 여겨 ➡ 애민 정신

❸ 새로 스물여덟 자를 만드니 ➡ 창조 정신

❹ 쉽게 익혀 날로 씀에 편하게 하고자 할 따름이다 ➡ 실용 정신

애민(愛사랑 애 民백성 민) 정신, 창조 정신, 실용 정신은
쉽게 이해되지만, 자주정신이 바로 받아들여지지 않지? 딱 맞췄지? (ㅇㅅㅇ)

중국의 한자로 표현할 수 없는
우리말만의 특성이 있음을 인식하고 있는 부분이니, 그런 의미에서
자주적이라 표현할 수 있는 거란다.

한글 창제의 원리

자음의 원리 ────────────

자음은 상형의 원리에 의해 만들어졌어.
상형(象모양 상 形모양 형)은 어떤 물건의 모양을 본뜬다는 의미인데,
한글의 자음은 우리 발음 기관의 모양을 본떠 만들어졌단다.

그런데 아무 연관 없는 발음 기관의 모양을 본뜬 것이 아니라
각각의 자음이 소리 나는 위치, 바로 그 부분의 모양을 본뜬 거야.
정말 신기하지?

발음 기관의 모양을 본뜬 5개의 기본자를 바탕으로
조금씩 살을 붙여 17개의 자음이 만들어진 것이지.
(한글 창제 당시 만들어진 자음은 모두 17개인데, 어떤 자음들인지는
뒤에서 설명해 줄 거야.)

5개의 기본자는 ㄱ, ㄴ, ㅁ, ㅅ, ㅇ이야.
아래 그림을 보자. 어때? 제대로 상형이 된 것 같니? (◡‿◡)

ㄱ계열 자음(ㄱ, ㅋ, ㄲ, ㆁ옛이응)은 어금니 옆에 있는 혀뿌리가
목구멍을 막는 모양을 본떴기 때문에 아음(牙어금니 아 音소리 음)

ㄴ계열 자음(ㄴ, ㄷ, ㅌ, ㄸ, ㄹ)은 윗잇몸에 닿은
혀의 모양을 본떴기 때문에 설음(舌혀 설 音소리 음)

ㅁ계열 자음(ㅁ, ㅂ, ㅍ, ㅃ)은
입술의 모양을 본떴기 때문에 순음(脣입술 순 音소리 음)

ㅅ계열 자음(ㅅ, ㅈ, ㅊ, ㅆ, ㅉ, ㅿ반치음)은
이의 모양을 본떴기 때문에 치음(齒이 치 音소리 음)

ㅇ계열 자음(ㅇ, ㆆ여린히읗, ㅎ)은
목구멍의 모양을 본떴기 때문에 후음(喉목구멍 후 音소리 음)이라는
한자 이름을 붙였단다. 무지 과학적이지? (◡)

기본자			
	ㄱ	혀의 뿌리가 목구멍을 막는 모양	아음
	ㄴ	혀가 윗잇몸에 닿는 모양	설음
	ㅁ	입술의 모양	순음
	ㅅ	옆에서 본 이의 모양	치음
	ㅇ	목구멍의 모양	후음

이제 5개 기본자에 어떻게 살을 붙여 다른 자음들을 만들었는지 보자.

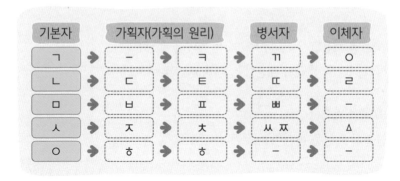

기본자	가획자(가획의 원리)		병서자	이체자
ㄱ	ㅡ ➡ ㅋ		ㄲ	ㅇ
ㄴ	ㄷ ➡ ㅌ		ㄸ	ㄹ
ㅁ	ㅂ ➡ ㅍ		ㅃ	ㅡ
ㅅ	ㅈ ➡ ㅊ		ㅆ ㅉ	ㅿ
ㅇ	ㆆ ➡ ㅎ		ㅡ	ㅡ

가획자는 기본자에 가획의 원리를 적용해 만들어진 글자야.
가획(加더할 가 劃그을 획)은 획을 더한다는 의미인데,
말 그대로 기본자에 획을 하나씩 추가한 것이지. 그런데 중요한 건!

단순히 획만 더해진 게 아니라, 소리의 세기도 함께 세진다는 거야.

앞에서 배운 것까지 정리해서 이야기해 볼테니까 잘 읽어봐! ⊙⊙

각각의 자음은 발음되는 기관의 모양을 본떠서 만든 것인데
발음되는 기관이 같은 자음들은 획을 추가하는 원리에 따라 만들어져서
그 자음들을 모아 놓고 보면 비슷한 모양을 하고 있을 수밖에 없어.

또 획의 추가는 소리의 세기를 의미하기도 하는데,
이 점은 국내뿐 아니라 외국의 언어학자들도
한글의 놀라운 과학성 중 하나로 꼽고 있는 특성이란다. 정말 대단하지? ••

이어서 병서자와 이체자에 대해서도 알아보자. 솔직히 말해 봐~ 재밌지? ☺

병서자 는 자음 ㄱ, ㄷ, ㅂ, ㅅ, ㅈ을 각각 병서해서 만들어진 글자야.
병서(竝나란히 병 書쓸 서)는 나란히 쓴다는 의미인데,
이것 역시 말 그대로 같은 자음을 나란히 두 번 썼다는 것이지.

병서자는 이미 만들어진 글자를 두 번 쓴 것에 불과하기 때문에
17개의 기본 자음 안에 포함되지는 않아.

17개의 기본 자음은 다음과 같단다! 앞에서 본 거 다시 정리하자! ☺

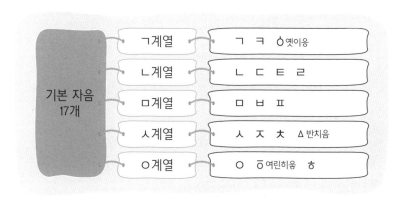

이체자 는 모양을 다르게 해서 만들어진 글자야.
이체(異다를 이 體몸 체)는 다른 몸을 가지고 있다는 것인데,
기본자처럼 모양을 본뜨거나, 가획자처럼 획을 추가한 게 아니란다.

분명히 소리로는 존재하는데, 상형이나 가획의 원리로는
표현할 수 없는 것을 이체자로 만든 것이라 생각하면 돼.

모음의 원리

모음 역시 상형의 원리에 의해 만들어졌어.
언젠가 '천지인'이라는 말을 들어 본 적이 있을 거야.

천(天하늘 천)은 하늘, 지(地땅 지)는 땅, 인(人사람 인)은 사람을 뜻하는데,
한글의 모음은 바로 하늘과 땅, 사람을 본떠 만들어졌단다.
자음이 발음 기관의 모양을 본떴다면
모음은 우주(자연)의 모양을 본떴다고 할 수 있지.

알면 알수록 과학적이지? (••)

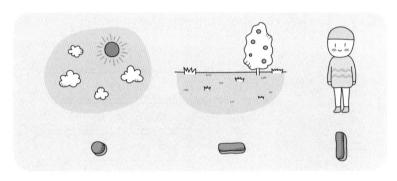

ㆍ아래아는 당시 사람들이 해, 달과 같이 둥글다고 생각한 하늘을,
ㅣ는 하늘과 땅 사이에 서 있는 사람을,
ㅡ는 사람이 서 있을 수 있도록 평평한 땅의 모양을 표현한 거란다.

기본자	ㆍ	둥근 하늘의 모양	하늘
	ㅣ	하늘과 땅 사이 사람의 모양	사람
	ㅡ	평평한 땅의 모양	땅

모음 기본자는 발음에 따라 결합되어 **11개의 모음**으로 만들어졌어!

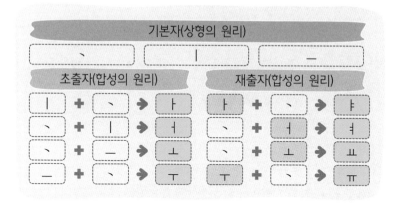

초출자(初 처음 초 出 나타날 출 字 글자 자)는

3개의 기본자 중 2개씩 짝을 지어 합성해서 만든 글자를 의미해.

2개의 기본자를 결합시켜 하나로 만들었으니

합성(合 합할 합 成 이룰 성)이라 하는 것이지.

그렇게 처음으로 합성해서 만들어진 초출자에

ㆍ 아래아를 한 번씩 더하면 합성의 원리가 다시 한번 더 적용된

재출자(再 다시 재 出 나타날 출 字 글자 자)가 만들어진단다!

더하기만 하면 돼! (͡° ͜ʖ ͡°)

기본자 3개, 초출자 4개, 재출자 4개, 이렇게 모음 11개가 된 거야!

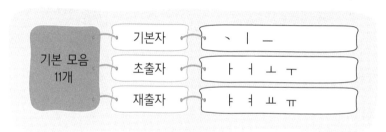

여기서 더 알아 두면 좋은 것이 양성 모음과 음성 모음의 개념인데,
양성 모음과 음성 모음은 ㆍ아래아의 위치에 따라 나뉜단다.

ㆍ	밖이나 위에 놓임	ㅏ ㅑ ㅗ ㅛ	양성 모음
	안이나 아래에 놓임	ㅓ ㅕ ㅜ ㅠ	음성 모음

기준점을 ㆍ아래아에 놓고,
ㆍ아래아가 ㅡ 나 ㅣ 의 바깥쪽 또는 위쪽에 놓이면
하늘(ㆍ)의 기운이 우선한 것이라고 보아 양성 모음

ㆍ아래아가 ㅡ 나 ㅣ 의 안쪽 또는 아래쪽에 놓이면
땅(ㅡ)의 기운이 우선한 것이라고 보아 음성 모음이라 한 것이지.

양성 모음과 음성 모음은 단순히 그렇게 하자!고 정한 게 아니라,
각 소리의 특성을 파악해서 묶고 공통점을 찾은 것이란다.

ㅗ, ㅏ 계열의 양성 모음은
발음할 때 밝고 산뜻한 느낌을 주는 반면,

ㅜ, ㅓ 계열의 음성 모음은 비교적 어둡고 묵직한 느낌을 주거든.

와우! 여기까지 잘 따라왔네! (•‿•)

풀어 볼 거지?

01. 『훈민정음』의 「어제 서문」에 나타난 한글 창제의 정신을 정리
해 보았어. ㉮, ㉯, ㉰에 알맞은 창제의 정신을 써넣어 보렴.

나라말이 중국과 달라 문자와 서로 통하지 않아서	➜	㉮
내가 이를 불쌍히 여겨	➜	㉯
새로 스물여덟 자를 만드니	➜	창조 정신
쉽게 익혀 날로 씀에 편하게 하고자 할 따름이다	➜	㉰

02. 훈민정음의 자음, 모음 기본자와 설명을 연결해 보렴.

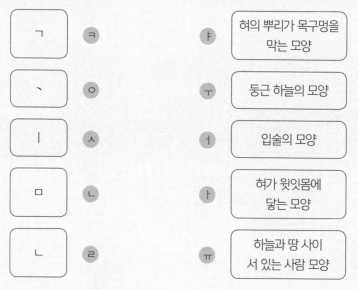

ㄱ	ㅋ		ㅑ	혀의 뿌리가 목구멍을 막는 모양
`	ㅇ		ㅜ	둥근 하늘의 모양
ㅣ	ㅅ		ㅓ	입술의 모양
ㅁ	ㄴ		ㅏ	혀가 윗잇몸에 닿는 모양
ㄴ	ㄹ		ㅠ	하늘과 땅 사이 서 있는 사람 모양

01. ㉮ : 자주정신, ㉯ : 애민 정신, ㉰ : 실용 정신
02. ㄱ-ㄴ, ` -ㅜ, ㅣ-ㅠ, ㅁ-ㅓ, ㄴ-ㄹ, ㅇ-ㅑ, ㅅ-ㅏ

현재 우리가 처한 분단이라는 상황에서,

남과 북의 언어가 어떻게 다른지

그 차이점을 살펴보고, 우리가 할 수 있는

작은 역할에 대해서도 고민해 볼 거야.

열,
통일 시대의 국어

통일 시대의 국어

남북한의 언어 ─────────────

우리나라가 남과 북으로 나뉜 지 어느덧 70여 년이 되었어.
1948년에 태어난 아기가 70세가 넘는 동안
남과 북은 제각기 다른 문화를 만들어 왔지.
우리가 태어나기도 전에 일어난 일이라 잘 와닿지 않지? 👀

70여 년이라는 긴 세월에는 똑같은 70여 년이라는 시간이 주어져도
다 풀어내지 못할 만큼 많은 이야기가 담겨 있겠지만,
여기에서는 국어에 대한 이야기에 집중해 보려고 해. 국어 책이니깐! 😊

남과 북은 이미 많은 것이 다르지만
사용하는 말과 글은 정말 많은 부분들이 다르게 되었단다.

그렇지만 영어를 전혀 모르는 친구가
영미권 외국인을 만났을 때와 북한 주민을 만났을 때
어떤 상황에서 더 의사소통을 잘할 수 있을까? 당연히 북한 주민이겠지? 😊

많은 부분이 달라지긴 했지만 그 뿌리가 동일하기 때문에,
70여 년의 시간 동안 서로 다른 방향으로 뻗어 나간 요소들을
분명히 한 점에서 만나게 할 수 있을 거야.

그러기 위해서는 대체 어떤 점이 어떻게 다른지부터 알아야겠지?

남북한의 언어 차이

남과 북은 분단 이후 어느 정도 시간이 흐른 뒤에
각각의 언어 규정을 만들어 발표했어.

남한의 한글 맞춤법과, 북한의 조선말 맞춤법이 바로 그것이란다.

언젠가 들어 봤던 것 같지 않아? (◦◦)

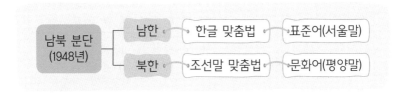

남한의 한글 맞춤법은 서울말을 표준어로 정했고,
북한의 조선말 맞춤법에선 평양말을 문화어로 삼았지.

남과 북은 서로 다른 정치 이념하에
서로 다른 언어 규정을 정립하고 사용하면서,
같은 글자로 표기되는 단어를 서로 다른 뜻으로 사용하기도 해.

대표적인 말이 '동무'라는 단어야.
남한에선 이 말을 '친구'와 비슷한 의미로 사용하지만
북한에서 이 말의 의미는 '혁명을 위해 함께 싸우는 사람'이야.

많이 어색하지? (◦◦)

남과 북은 국어사전의 자모 배열 순서도 달라.

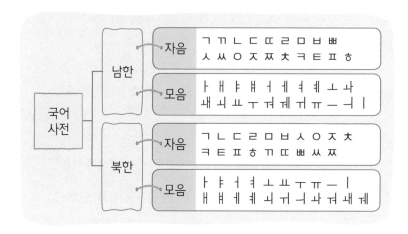

남한과 달리 북한은 된소리 자음을 뒤로 보내고,
모음의 순서도 남한과는 다른 방식으로 정했단다.

또 남한은 글을 쓸 때 두음 법칙을 적용하지만 북한은 그렇지 않아.
남한에서 여자, 내일, 양심, 영리한 등으로 쓰고 읽는 것을
북한에선 녀자, 래일, 량심, 령리한 등으로 쓰고 읽지.

띄어쓰기 단위도 달라. 어떻게 다르냐면? ⊙◡⊙
남한은 단어 단위로 띄어쓰기를 하지만,
북한은 의미 단위로 띄어쓰기를 하기 때문에
똑같은 문장을 쓴다고 해도 북한이 더 붙여 쓰는 경향이 있단다.

예를 들어, 남한에서 '지식 중학교 개교기념일'로 쓰는 것을
북한에서는 '지식중학교개교기념일'로 쓰지.

통일 시대를 위한 준비

떨어져 살아온 시간만큼이나 남과 북의 언어 차이는 상당해!

차이가 있으니, 생각을 표현하는 의사소통을 할 때에
여러 가지 문제가 일어날 수 있을 거야. 에구구 😊 정말 그럴 수 있겠지?

한 살이었던 아기가 일흔 살이 되는 긴 시간이니 그럴 수밖에.

하지만 생각을 거꾸로 해 볼 필요가 있단다.
앞에서도 이야기했지만, 영어를 전혀 모르는 친구가
영미권 외국인을 만났을 때와 북한 주민을 만났을 때
어떤 상황에서 의사소통을 더 잘할 수 있겠니?

남과 북의 언어는 70여 년의 시간 동안 떨어져 있었음에도 불구하고
차이점보다 공통점을 더 많이 공유하고 있단다.

서로 다른 점을 부정하지 않고 있는 그대로 받아들이고,
그 점을 극복하기 위해 서로가 조금씩 노력한다면,
남과 북은 분명 예상한 것보다 더 좋은 소통을 하게 될 거야.
당연하지! 😊

남과 북의 언어학자들의 연구 교류나 공동의 프로젝트 수행 등은
그 노력의 구체적인 모습이 될 수 있겠지!

수고했어!
한 번 더 읽자.
읽으면 외워진다!